Sternstunden des Sports

STERNSTUNDEN DES SPORTS

DFB-Pokal

Tom Bender und Ulrich Kühne-Hellmessen (Hrsg.)

Gastautor: Günter Netzer

Mit Beiträgen von Babak Milani, Jens Schiffer, Wolfgang Flemming, Christian Ortlepp, Rainer Kalb, Matthias Sonnenberg

Fotos von dpa Sportreport und Pressebilderdienst Horstmüller

Sportverlag Berlin

Titelkonzeption: B & K pro media, Hamburg
Redaktionelle Mitarbeit: Cathrin Bangen, Katharina Kreke, Freia Beisser
Lektorat und Bildredaktion: Harro Schweizer, Berlin
Umschlaggestaltung: Volkmar Schwengle, Buch und Werbung, Berlin,
unter Verwendung eines Fotos von dpa Sportreport
Zusatzfotos: WDR-Pressestelle, Kurt Schmidtpeter,
Nordbild/Hans-Dietrich Kaiser
Sponsoring: DMC Sport, Hamburg
Statistische Daten: Sports-Data, Berlin
Layout und Herstellung: Prill Partners | producing, Berlin
Repro-Arbeiten: Manfred Schürmann, Müncheberg,
tiff.any, Digitale Medienproduktions und -service GmbH, Berlin
Druck und Bindung: Westermann Druck Zwickau GmbH
Printed in Germany 2001

ISBN 3-328-00913-2

Dank des Teams an: Silke Brem, Steffi Riedel, Siegfried Daut

Inhalt

Günter Netzer

Sieg oder flieg – Berlin braucht Helden

Günter Netzer, heute Geschäftsmann und TV-Kommentator

Der Pokal hat seine eigenen Gesetze. Wie oft haben wir diesen Satz im Fußball schon gehört, wie oft diese scheinbare Weisheit gelesen. Eigentlich ist es eine abgedroschene Floskel. Sechs Worte nur, deren Wahrheit weniger philosophischen Ansätzen entspringt als einfachen pragmatischen Grundsätzen. Und der immer wieder kehrenden Erkenntnis, dass im Fußball eben alles möglich ist, zumindest wenn man den Erfolg will und besonders auch an ihn glaubt. Der Kampf um den DFB-Pokal unterscheidet sich vor allem in einem Punkt vom Alltagsgeschäft Bundesliga. Hier im Pokal sind andere Kriterien gefragt.

Setzt sich beispielsweise beim Rennen um den Meistertitel nach 34 Spieltagen einer langen, harten Saison in der Regel die beste, vor allem aber konstanteste Mannschaft durch, zählen im Pokal andere Qualitäten: Auf den Punkt motiviert zu sein, in 90 oder manchmal auch 120 Minuten den Willen aufzubringen, ein Spiel zu gewinnen und den Gegner aus dem Wettbewerb zu werfen.

Das ist ein bisschen Mann gegen Mann, ein Duell, das nur einen Sieger kennt. Und gerade deshalb auch immer einen Verlierer. Da ist das müde Unentschieden eben nicht möglich. Und auch nicht der Versuch, sich lieber auf ein Rückspiel zu besinnen oder eine Pleite in den nächsten Spielen wieder auszugleichen.

Kampfkraft, Leidenschaft und Willensstärke sind die gefragten Tugenden. Das klingt pathetisch, entspricht aber nur der gängigen Praxis, weil gerade im Pokalwettbewerb selten nur der Spielstärkere gewinnt. Spieler wachsen für 90 Minuten über sich hinaus, Mannschaften werden für ein Spiel zu einer verschworenen Einheit. Nur so ist möglich, dass der Kleine den Großen schlägt. Es gibt eben nur diese eine Chance. Nutze sie – und du bist weiter im Wettbewerb. Wer zögert und zaudert, ist schneller weg, als er vermutet.

Sie glauben gar nicht, wie herrlich ich diese Endgültigkeit des Spielergebnisses finde. Kein Lamentieren mehr über den nächsten Spieltag oder die Chancen des Rückspiels. Rausfliegen heißt Warten auf das nächste Jahr.

Wer das realisiert, merkt schnell, dass in diesem Wettbewerb nur Risiko auch belohnt wird. Heutzutage ist der Fußball viel zu ausgeglichen, als dass sich eine Mannschaft durch die vielen Runden bis ins Finale nach Berlin mogeln könnte.

Da heißt es Sekt oder Selters, besonders bei den so genannten »Underdogs«, die genau wissen, dass nur mit einem Erfolg dieses Spiel zu einer Sternstunde werden kann. In solchen aufregenden 90 Minuten sind schon Karrieren entstanden, manchmal auch welche beendet worden.

Ich bin froh, dass man irgendwann den Modus wieder auf ein Spiel umgestellt und das Wiederholungsspiel abgeschafft hat, an das ich mich noch gut erinnern kann. Sieg oder flieg – das ist auch der Reiz für Millionen Menschen an den Fernsehschirmen. Glauben Sie mir, als ARD-TV-Kommentator weiß ich, wovon ich rede, denn das K.o.-System erfreut sich noch heute großer Beliebtheit bei den deutschen Fußballfreunden. Man kommt mit einer Erwartungshaltung ins Stadion und geht mit einer Entscheidung nach Hause. Das macht den Cup-Wettbewerb so unglaublich attraktiv.

Die Möglichkeit, dass der unterklassige Verein für einen Tag zum Helden des nationalen Fußballs aufsteigt, für 24 Stunden oder länger im Mittelpunkt des Interesses steht, ist ebenfalls ein großer Anreiz. Wo sonst gibt es die Chance, einem der großen Klubs, die man oft nur aus dem Fernsehen oder Stadion kennt, mal ein Bein zu stellen.

Schon David hatte mit seinem Schleuderschuss auf den keuleschwingenden Goliath bei den Menschen in der Antike für Aufregung gesorgt. Das ist jetzt im DFB-Pokal ein ähnliches Aufeinandertreffen, natürlich nur mit anderen, friedvolleren Mitteln.

Das ist Günter Netzer
Geboren am 14.9.1944, verheiratet, eine Tochter. Lebt heute in Zürich/Schweiz und arbeitet als Geschäftsführer der Telesport AG; Kolumnist bei »Sport-Bild«, Fußballexperte für die ARD. Mythos der frühen Jahre: lange Haare, Schuhgröße 47, Lebenskünstler; Regisseur und Chef von Gladbachs berühmter »Fohlen-Elf«. Stationen: 1. FC Mönchengladbach (1952-63), Borussia Mönchengladbach (1963-73), Real Madrid (1973-76), Grasshoppers Zürich (1976/77). Manager beim Hamburger SV (1978-86) Europameister 1972, mit Mönchengladbach Deutscher Meister 1970 und 1971 sowie Deutscher Pokalsieger 1973, mit Real Madrid Spanischer Meister 1975 und 76 sowie Spanischer Pokalsieger 1974 und 1975 37 Länderspiele, 6 Tore 230 Bundesligaspiele, 86 Tore Fußballer des Jahres 1972 und 1973, Mitglied der Weltauswahl 1972 und 1973 Berühmt für sein Tor im Pokalfinale 1973 gegen Köln zum 2:1-Sieg für Gladbach, nachdem er sich selbst eingewechselt hatte

Bundesligaspiel gegen Köln 1972: Günter Netzer im Zweikampf mit Jürgen Glowacz

Wenn Fußballfans in Deutschland über den Pokal sprechen, dann erinnern sie sich hauptsächlich an die großen Endspiele und natürlich die vielen sportlichen Sensationen.

Noch heute wird der ruhmreiche HSV ausgelacht, weil er sich im Zehnjahresrhythmus zweimal in Baden-Würtemberg gegen die Drittligisten Eppingen und Geislingen bis auf die Knochen blamierte. Oder nehmen Sie die Bayern, die auf der Wunschliste bei der Pokalauslosung bei nahezu jedem Verein ganz oben stehen. Denn was kann es Schöneres geben, als den Rekordmeister zu Gast zu haben. Und wenn dann Klubs wie Osnabrück, Vestenbergsgreuth, Weinheim oder in jüngster Vergangenheit Magdeburg das erfolgsverwöhnte Starensemble von der Isar gleich noch aus dem Wettbewerb werfen, sind das für diese Vereine Sternstunden, die mit Pokalen und Meisterschalen in unterklassigen Ligen kaum aufzuwiegen sind.

Oder nehmen Sie die Pleite von Eintracht Frankfurt in Göttingen mit 2:4, die Heimniederlage von Dortmund gegen Hannover, die Blamage von Düsseldorf bei den Stuttgarter Kickers – diese Liste könnte ich noch seitenlang fortsetzen.

Das alles waren für die betroffenen Vereine Sternstunden, auch wenn in diesem Buch mehr die Endspiele im Rampenlicht stehen. Denn das Erreichen eines solchen Finales ist immer noch eine große Leistung, die eben nicht vor einer Saison planbar ist.

Machen Sie sich doch mal den Spaß und tippen den Pokalsieger der nächsten Saison. Die Wahrscheinlichkeit, dass Ihr Favorit schon früh aus dem Rennen fliegt, ist stets gegeben. Ein DFB-Pokalfinale ist für mich wie ein Festtag des Fußballs. Schon der Anblick dieser blinkenden Edelsteine in der DFB-Krone. Und dann werden die Erinnerungen wieder wach an die großen Spiele.

Wie das unglaubliche Turban-Spiel des Dieter Hoeneß, als der Münchner mit aufgeplatzter Stirn und viel Mullbinde um den Kopf gegen Nürnberg weiterspielte und aus einem 0:2 einen 4:2-Erfolg machte. Oder das Drama um Lothar Matthäus zwei Jahre später, als er 1984 für Möchengladbach im Elfmeterschießen gegen seinen zukünftigen Arbeitgeber Bayern vergab und damit den Münchnern den Sieg schenkte. Oder im Jahr 1985, als Wolfgang Schäfer die bescheidenen und unterschätzten Uerdinger zum Cup-Sieg schoss und die hohen Favoriten Bayern München düpierte.

Fußballer des Jahres 1973

Gemeinsam für die Nationalmannschaft – Günter Netzer mit Wolfgang Overath während der WM 1974

Heute beliebter TV-Kommentator – mit Gerhard Delling bei der Fußball-EM 2000 (WDR-Pressestelle)

Sternstunden, die in diesem Buch noch einmal lebendig werden. Das ist der Stoff, aus dem Helden gemacht werden, den man immer wieder gerne liest und bei dem mir noch heute ein wohliger Schauer über den Rücken läuft.

Natürlich darf dabei auch meine ganz persönliche Sternstunde nicht fehlen. Jenes legendäre Finale 1973, das für mich noch heute das vielleicht beste Endspiel aller Zeiten ist. Die Kölner und meine Mönchengladbacher haben in der regulären Spielzeit den unterhaltsamsten Fußball, den ich je gesehen habe, geboten. Ich hatte ja damals viel Zeit und Muße, mir die Partie anzuschauen, weil ich 90 Minuten auf der Ersatzbank schmoren musste und dabei einen tollen Ausblick hatte.

Es gibt viele Geschichten über das, was anschließend passierte, und ich wundere mich schon auch über manche Schilderung, da ich ja eigentlich selbst live dabei gewesen war. Fest steht aber, dass die Dramaturgie von keinem Drehbuchautor der Welt hätte besser erfunden sein können.

Ich kam in der Verlängerung rein, schoss das entscheidende Tor und verabschiedete mich damit gebührend von meinen Fans in Richtung Madrid. Noch heute, nach mittlerweile 28 Jahren, werde ich oft auf diese Sternstunde angesprochen. Und ich empfinde es als großes Kompliment, dass solche Spiele in der Erinnerung der Fußballfreunde weiterleben. Es ist auch ein Beweis, dass der Pokal eine schöne Vergangenheit und mit Sicherheit eine tolle Zukunft besitzt.

Der Grundstein dafür wurde sicherlich mit der Wahl eines festen Endspielortes gelegt. Seit 1985 hat dieser Wettbewerb im Berliner Olympiastadion eine echte Heimat gefunden. Das deutsche Wembley beweist Jahr für Jahr mit ausverkauften Rängen, dass diese Entscheidung goldrichtig war.

Der Pokal lebt, der Cup-Gedanke wird sich immer wieder durchsetzen. Wer sich seinen Gesetzen nicht unterwirft, wird niemals im Finale stehen, wird nie die Trophäe in Händen halten. Blicken Sie nur mal auf die Ehrentafel am Ende des Buches, da fehlt der Name so manches Vereins, der es bisher nicht geschafft hat.

Das sagt eigentlich alles über die besondere Wahrheit des Pokals.

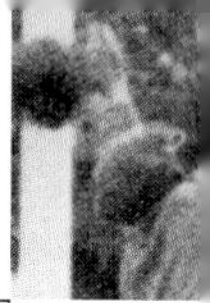

Nr. 2
München, 10. Januar 1939

Neunundzwanzigster Jahrgang

20 Pf.
Monatlich 76 Pf. frei Haus

Fußball

te Sportzeitu
eber Eugen Seybold

Heute:
1000-Mark-Preis
2. Preisfrage!
... und das neue Preisrätsel!

Die Rivalen vom Sonntag

FSV. Frankfurt a. M.

In senkrechten Reihen, von oben nach unten: Die Verteidigung: Schweinhardt (l. Verteidiger); Wolf (Torwart): May (r. Verteidiger); die Läuferreihe: Fend (l. Läufer), Dietsch (Mittelläufer), Böttgen (r. Läufer); der Sturm: Wörner (Linksaußen), Faust (Halblinks), Dosedzahl (Mittelstürmer), Heldmann (Halbrechts), Armbruster (Rechtsaußen)

SC. Rapid - Wien

In senkrechten Reihen, von oben nach unten: Der Sturm: Hofer (Rechtsaußen), Schors (Halbrechts), Binder (Mittelstürmer), Holec (Halblinks), Pesser (Linksaußen); die Läuferreihe: Wagner (r. Läufer), Höfstädter (Mittelläufer), Skoumal (l. Läufer); die Verteidigung: Sporner (r. Verteidiger), Raftl (Torwart), Schlauf (l. Verteidiger)

Fotos: Weltbild

8. Januar 1939

Rapid Wien – FSV Frankfurt 3:1

Wien, Wien, nur Du allein …

Es war alles andere als eine Sternstunde in der deutschen Geschichte, als am 11. März 1938 die deutsche Wehrmacht in Österreich einmarschierte. Für einen Moment hielt die Welt den Atem an. Da es keinen kriegerischen Widerstand gab, kam die Zivilbevölkerung zum Glück nicht zu schaden.

Doch die Annexion von Österreich hatte auch für den deutschen Fußball ungewollt weit reichende Folgen. Die Alpenland-Teams aus dem ehemaligen Nachbarland spielten nun mit um die Deutsche Meisterschaft und folglich auch um den Verbands-Cup, den so genannten »Tschammer-Pokal«. Gleich vier Teams schafften in jenem Jahr 1938 den Einzug unter die letzten Acht des laufenden Wettbewerbs, drei allein aus der Hauptstadt. Rapid Wien, Vienna Wien, der Wiener Sport-Klub und der Grazer Sportklub setzten gleich bei ihren Premierenauftritten alles daran, den Cup des »großen Bruders« zu gewinnen. Für das Selbstvertrauen des kleinen Grenzstaates, der nun gewaltsam einverleibt worden war, bedeutete es weitaus mehr als nur sportlichen Ruhm.

Im Viertelfinale war für die Vienna aber bereits Schluss mit den Pokalträumen, denn die Mannschaft unterlag dem Rekordmeister Nürnberg mit 1:3. Damit war der erste Vertreter der neu gegründeten »Ostmark« ausgeschieden. Den nächsten Verein musste es zwangsläufig im direkten Vergleich erwischen, wobei Graz gegen den Wiener SK mit 1:6 klar den Kürzeren zog.

Damit war der WSK die erste österreichische Mannschaft im Halbfinale des Pokals. Eine zweite folgte mit Rapid Wien, das in

Titelblatt der Zeitschrift »Fußball – Illustrierte Sportzeitung« vom 10. Januar 1939 mit den gegnerischen Mannschaften

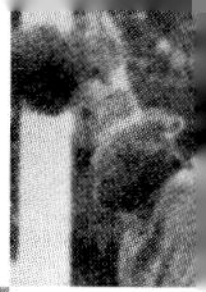

Es war ein Winterspiel. Oben links: das Führungstor für Frankfurt durch Mittelstürmer Dosedzal, Wiens Torhüter Raftl geschlagen. Unten der Ausgleichstreffer durch Schors – Wolf kommt zu spät. Rechts der Siegtreffer durch Hofstädter aus 25 Metern

Mannheim mit 3:2 beim SV Waldhof gewonnen hatte. Der letzte Vertreter des Halbfinales war der FSV Frankfurt, der bei 1860 München in der Verlängerung mit 2:1 gewonnen hatte.

Das vorgezogene Finale fand schon in der Vorschlussrunde statt, als Rapid gegen die hoch gewetteten Nürnberger antrat. Doch der »Club« war eine einzige Enttäuschung und ging in Wien mit 0:2 unter. Rapid stand damit im Endspiel und hoffte nun, dass auch der Stadtrivale vom WSK den Sprung schaffen und damit aus dem deutschen Pokalfinale eine rein wienerische Angelegenheit machen würde. Doch die Nachbarn unterlagen dem FSV Frankfurt am Bornheimer Hang mit 2:3.

Somit stand das Finale fest, das aber erst im darauf folgenden Jahr, am 8. Januar 1939, in Berlin ausgespielt wurde.

Väterchen Frost hatte damals ganz Europa fest in seinen eiskalten Klauen. Der Winter bestimmte den Ablauf des Endspiels, denn der Rasen im Stadion war von einer zehn Zentimeter hohen Schneeschicht bedeckt. Die Wiener machten sich über den glatten Untergrund große Sorgen. Rapid-Stürmer Binder maulte: »Wir sind ja keine Eislaufprinzessinnen, sondern Fußballer. Ich hoffe, wir haben genug Halt, um gegen die Hessen zu bestehen.«

Kurz vor der Partie wurde der Platz noch einmal gewalzt, und nun waren die Bedingungen für ein gutes Spiel gegeben. Doch für die Fußballfreunde auf den Rängen wurde das Zuschauen eine wahre Tortur. Nur rund die Hälfte der 80 000 Plätze im Olympiastadion waren notdürftig vom Schnee befreit, und so wurde schon der Weg bis zum Platz zu einer gefährlichen Rutschpartie.

Pünktlich zum Anpfiff setzte zu allem Überfluss auch noch ein gefährlicher Eisregen ein, was überraschenderweise aber kein Problem für die 22 Spieler auf dem Feld war. Frankfurt strotzte nur so vor Selbstvertrauen, denn seit neun Monaten hatten die Hessen kein Spiel mehr verloren, und sie wollten ausgerechnet in dieser Begegnung die Serie nicht reißen lassen.

Der Außenseiter aus Hessen startete gleich mit munteren Angriffen auf das Rapid-Tor und konnte nach nur 17 Minuten bereits jubeln. Der Liebling der Anhänger, der kräftige Dosedzal, köpfte eine scharfe Flanke millimetergenau in den Torwinkel des Wiener

Seite 4 Fußball Illustrierte Sportzeitung

Tschammerpokal-Finale im Schnee und Regen

Aber doch ein denkwürdiger Kampf

Bis 10 Minuten vor Schluß lag die Sensation über dem Kampffeld: Frankfurt führt über 80 Minuten!

Dramatischer Endspurt bringt Rapid klaren 3:1-Sieg

I.

„Wir werden kämpfen bis zum Umfallen!"

Berlin, 8. Januar

Es scheint Tradition zu werden, daß das Endspiel um den Tschammerpokal zum ersten überragenden Fußballereignis eines neuen Jahres wird. Vielleicht kommt es so-

nicht unsere Art, irgendeinen Gegner zu unterschätzen. Wir machen uns nie Illusionen; wir wissen, in jedem Spiel muß gekämpft werden." Treffender kann man die Einstellung, die Rapid zur beständigsten

Ein ungewohntes Bild bei der Fahrt ins Olympiastadion: Die Omnibusse der BVG. nehmen sich Zeit, ehe sie aus der Stadt abfahren, in der Untergrundbahn sind sogar Sitzplätze frei, und auf dem Riesenpark-

Ausriss vom ausführlichen Spielbericht aus der Zeitschrift »Fußball – Illustrierte Sportzeitung« vom 10. Januar 1939

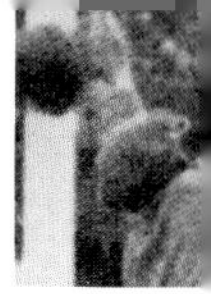

Kastens, und hätte drei Minuten später Faust genauer gezielt, wäre wohl schon die Vorentscheidung gefallen. Doch das Tor fiel nicht, und die Frankfurter konnten sich in der Halbzeitpause nur über ein mageres 1:0 freuen.

Nach dem Wiederanpfiff ging für die Deutschen die Schlacht weiter. Die Abwehr um Wolf, May, Schweinhardt, Böttgen oder Dietsch kämpfte verbissen, um die dünne Führung ins Ziel zu retten. Fast hätten sie es geschafft, doch zehn Minuten vor Schluss musste FSV-Defensivspezialist May, der grob von Schors gefoult worden war, das Spielfeld verlassen. Damals gab es noch keine Auswechselspieler.

FSV-Trainer Eiling war verzweifelt: »Ich kann nicht mit Sicherheit sagen, ob es ein absichtliches Foul war oder nicht. Ich weiß nur, dass wir nach diesem Verlust mit zehn Mann nicht die Führung halten konnten.«

Bitter für den FSV, dass »Bösewicht« Schors auch noch den Ausgleich erzielte, nachdem Torhüter Wolf einen Freistoß von Pesser nur abklatschen und der Wiener den Ball über die Linie einschieben konnte. Jetzt ging es für die bedauernswerten Frankfurter Schlag auf Schlag. Erst traf in der 85. Minute Hofstädter mit einem 25-Meter-Schuss zum 2:1, dann erzielte Rapids Superstar Binder fast mit dem Abpfiff das 3:1.

Die oft belächelten Österreicher hatten gleich im ersten Anlauf die Verbandstrophäe nach Wien entführt. Die Ostmark war einmal stärker als die großen Fußballnamen 1. FC Nürnberg, Fortuna Düsseldorf, Hamburger SV, Rot-Weiss Essen, Dresdner SC oder Hertha BSC.

Doch dieser Pokalsieg sollte nicht der einzige einer österreichischen Mannschaft sein. 1943 wiederholte Vienna den Coup mit einem 3:2-Sieg nach Verlängerung über den LSV Hamburg. Aber den absolut größten Erfolg sollte das Ausnahmeteam von Rapid 1941 feiern. Eine Sternstunde, die wir später noch beleuchten wollen.

Vier Jahre später war der Zweite Weltkrieg vorüber und auch die Stippvisite der österreichischen Teams im großdeutschen Fußball nur noch eine Fußnote in der Sportgeschichte.

Tore für zwei Nationen

Franz »Bimbo« Binder gehört zu den größten Fußballspielern aller Zeiten. Geboren am 1. Dezember 1911 spielte er zwischen 1930 und 1950 zwanzig Jahre für Rapid Wien. Der Mittelstürmer erzielte in 28 Länderspielen 26 Treffer, dabei überraschenderweise 16 Treffer in 19 Spielen für Österreich und zehn in neun Spielen für Deutschland. Er war Torschützenkönig in den Jahren 1933, 1937 und 1938. Die Zahl seiner Tore ist bis heute unglaublich, denn »Bimbo« schoss in 756 Punktspielen nicht weniger als 1006 Tore. Später war Binder als Trainer bei Jahn Regensburg, beim 1. FC Nürnberg, beim PSV Eindhoven, bei 1860 München und bei Rapid Wien tätig. Der Österreicher starb am 24. April 1989 in Wien.

1. Mai 1953

Rot-Weiß Essen – Alemannia Aachen 2:1

Duell zweier großer Männer

Es war wirklich kein Spiel wie jedes andere. Wahrscheinlich lag das auch daran, dass für viele Fußballfreunde gerade diese Partie zwischen Rot-Weiß Essen und Alemannia Aachen am 1. Mai des Jahres 1953 ein weiteres wichtiges Symbol für das Ende der Schreckenszeit des Zweiten Weltkriegs war. Denn nach neun Jahren wurde in Deutschland wieder um den DFB-Vereinspokal gespielt. Die Wirren nach den dunklen Jahren in Europa hatten diesen Wettbewerb völlig in Vergessenheit geraten lassen.

Als sich an diesem warmen Spätfrühlingstag beide Mannschaften in Düsseldorf gegenüber standen, ahnte kaum jemand, dass zwei Akteure in der Zukunft noch große Rollen einnehmen würden.

Der eine war ein Essener, der 18 Monate zuvor gerade in der Nationalmannschaft debütiert hatte. Sein Auftritt beim 2:0-Erfolg der deutschen Nationalmannschaft in Istanbul wurde von den Zeitungen sehr gelobt, weshalb man den jungen Mann auch schon als neue deutsche Sturmhoffnung handelte. Vorschusslorbeeren, denen Helmut Rahn rund ein Jahr später bestens gerecht wurde, als man im denkwürdigen WM-Finale im Berner Wankdorf-Stadion nach einem 0:2-Rückstand gegen die damalige Wunderelf Ungarns mit 3:2 gewann. Deutschland wurde dank zweier Treffer von Rahn erstmals Weltmeister. Ein Erfolg, der das Leben des Stürmers völlig veränderte. »Gibt es eigentlich niemanden, der mit mir über etwas anderes reden möchte«, fragte Rahn Jahre später genervt und kapselte sich immer mehr aus der Öffentlichkeit ab, pflegte immer weniger Kontakte zur Außenwelt.

Der zweite Spieler, der Jahre nach diesem ersten Nachkriegsfinale große Popularität erlangen sollte, war Rahns Pendant im Sturm auf der anderen Seite. Jupp Derwall hieß der junge Mann, den Aachen im Angriff aufgeboten hatte. Auch wenn Derwall im Gegensatz zu Rahn der Weltmeistertitel versagt blieb, erreichte auch er mit dem deutschen Team international beachtete Erfolge – nicht als Spieler, sondern als Nachfolger von Bundestrainer Helmut Schön, den er 1978 ablöste. Derwalls Amtszeit begann mit einem Paukenschlag, als Deutschland bei der Europameisterschaft 1980 in Rom mit einem 2:1 gegen Belgien den Titel gewann. Zwei Jahre später wurde »Häuptling Silberlocke«, wie Derwall liebevoll von den Spielern genannt wurde, nach einer 1:3-Niederlage gegen Italien in Spanien Vizeweltmeister. Und schon 1984 legte man ihm nach einer total verkorksten Europameisterschaft in Frankreich, bei der Deutschland überraschend schon in der Vorrunde ausschied, den Rücktritt nahe.

Das Pokalfinale von 1953 war für den Spieler Derwall damals ein echter Höhepunkt, wobei die Aachener vor 38 000 Zuschauern im Rheinstadion eine Premiere der ganz besonderen Art feierten, denn die Spieler trugen zum ersten Mal in der Vereinsgeschichte auf ihren Trikots auch Rückennummern.

Die Partie sollte zu einem der spannendsten Endspiele aller Zeiten werden. Der Favorit aus Essen übernahm gleich nach dem Anpfiff von Schiedsrichter Reinhardt die Kontrolle und ließ fast jeden Angriff über den unermüdlichen Jahnel laufen. Der RWE-Antreiber kurbelte immer wieder die Offensive seiner Mannschaft an und setzte besonders Rahn und Islacker auf dem rechten Flügel oft geschickt ein. Aachen war zwar bemüht, konnte aber das rot-weiße Trio mit Jahnel, Rahn und Islacker in der ersten Halbzeit kaum ausschalten. Das 1:0 für Essen durch Islacker in der 32. Minute war nicht mehr als die logische Konsequenz einer drückenden Überlegenheit. Jahnel hatte sich nach einem abgewehrten Eckball in der eigenen Hälfte den Ball erkämpft und ihn über 50 Meter in den Lauf von Islacker gepasst. Der clevere Stürmer blickte kurz hoch und sah, dass Aachens Keeper Heinrichs aus dem Tor heraus-

Die Essener Wewers und Spielmacher Jahnel springen höher als die Aachener G. Schmidt und Pfeiffer. (Kurt Schmidtpeter)

RWE-Abwehrspieler Willi Köchling (r.) kann die Flanke von Aachens Hartmann nicht verhindern. (Kurt Schmidtpeter)

stürzte. Ein wunderschöner Heber ins Netz ließ den Essener Anhang zum ersten Mal jubeln und brachte viele auf den Rängen zu der Feststellung, der Favorit würde die Aachener nun überrollen. Doch die retteten sich in der Folgezeit mit viel Glück und diesem Ergebnis in die Pause.

Weil vor allem der flinke Rahn in den ersten 45 Minuten nicht zu halten gewesen war, tüftelte Aachens Trainer Lindemann in der Kabine eine neue Marschroute aus. »Wir können uns jetzt nicht mehr in der Abwehr verstecken. Jetzt werden wir mitstürmen und den Gegner so beschäftigten«, hieß die Taktik für den zweiten Durchgang.

Die Zuschauer trauten ihren Augen kaum, denn nach dem Wiederanpfiff entwickelte sich plötzlich ein völlig anderes Spiel. Aachen war auf einmal überlegen und drängte Essen immer mehr in

Paul Jahnel (l.) will den heranstürmenden Gawell stoppen. (Kurt Schmidtpeter)

die Defensive. RWE-Torhüter Fritz Herkenrath stand immer öfter im Mittelpunkt und rettete vor den stürmenden Derwall und Schmidt.

Draußen auf der Bank ahnte Essens Coach Hohmann bereits das drohende Unheil und peitschte von der Seitenlinie seine Spieler immer wieder nach vorn. Besonders Gottschalk nahm sich in der 52. Minute die lauten Worte des Trainers zu Herzen und spielte einen wunderschönen Pass auf Rahn, der auf dem rechten Flügel auf Konter lauerte. In vollem Tempo nahm der Stürmer an, umdribbelte zwei Aachener Verteidiger und schoss fast von der Strafraumgrenze unhaltbar für Heinrichs zum 2:0 ein.

Es sprach erneut für die Alemannia, dass sich die Mannschaft noch immer nicht geschlagen gab. Und sie hatten ja noch Stürmer Jupp Derwall, der es nur fünf Minuten später Rahn nachmachte

und aus 25 Metern aus halblinker Position das 1:2 mit einem Schuss in den Torwinkel erzielte.

Aachen setzte nun alles auf eine Karte und ließ die Essener nicht einmal mehr aus der eigenen Hälfte herauskommen. RWE musste sich bei Schlussmann Herkenrath bedanken, der mit unglaublichen Paraden den Vorsprung hielt. Zudem mussten die Essener in der Schlussphase mit neun Spielern auskommen, denn Stürmer Islacker war der Meniskus gerissen, und Termath, immerhin der beste Torjäger des gesamten Pokalwettbewerbs 1953, humpelte nach einem Tritt nur noch, weil zu jener Zeit das Auswechseln noch nicht erlaubt war.

Aachen war in den Schlussminuten dem Ausgleich nahe, doch als Derwall kurz vor Ende wieder völlig frei an Herkenrath scheiterte, war das Spiel gelaufen.

Beim Abpfiff hatte die Rot-Weißen kaum mehr die Kraft, die Arme zu heben. Nur Dank größerer Routine, Technik und Motivation und mit einer großen Portion Glück gelang ihnen der Pokalsieg.

Glücklicherweise war der Pokal vom letzten Gewinner Vienna Wien (1943) trotz der Kriegswirren gut verwahrt worden, ganz im Gegensatz zur Meisterschaftstrophäe »Viktoria«, die erst nach der Wiedervereinigung 1989 wieder auftauchte. So jubelte Rot-Weiß als zehnter Sieger über den ersten Nachkriegs-Cup.

Essen treffsicher

Die besten Pokal-Torschützen in der Saison 1953:

1. Termath (Rot-Weiß Essen) 6 Tore
2. Rahn (RWE) 5
Sadlowski (Hamborn 07) 5
Preißendörfer (Kickers Offenbach) 5
5. Islacker (RWE) 4
Schmidt (Alemannia Aachen) 4
Derwall (Alemannia Aachen) 4
Lipponer (Waldhof Mannheim) 4
Bogert (Wormatia Worms) 4
Müller (Wormatia Worms) 4

14. August 1963

Hamburger SV – Borussia Dortmund 3:0

»Uns Uwe« holt den Pott im Alleingang

Uwe Seeler zeigt eine einzigartige Vorstellung im Pokalendspiel 1963. (Nordbild)

Der Mann sah aus, als hätte man ihm gerade in einem voll besetzten Bus das Portemonnaie mit 5000 Mark gestohlen. Die Augen zusammengekniffen, die Lippen fest aufeinander gepresst. Seine Hände hatte er tief in den Hosentaschen vergraben.

Friedhelm »Timo« Konietzka schüttelte immer wieder den Kopf und wollte kein Wort über das sagen, was er gerade gesehen hatte. Doch dann, als kaum noch jemand damit rechnete, sprudelte es auf einmal aus ihm heraus: »Alles Essig. Das kann einfach nicht wahr sein. Wie konnten wir denn dieses Spiel verlieren.«

Es war die Suche nach Erklärungen für ein Spiel, das zumindest für den Dortmunder Stürmer unerklärlich war. Denn was in diesem Pokalfinale am 14. August 1963 im Hannoveraner Niedersachsenstadion ablief, überraschte nicht nur Dortmunder Torjäger. Neben seinem Trainer Eppenhoff hatte Konietzka das Finale auf einem morschen Holzstuhl an der Seitenlinie verfolgen müssen. »Es ist fürchterlich, wenn man verletzt nur zuschauen kann und nicht irgendwie helfen oder etwas ändern kann«, stöhnte der Borussen-Bomber.

Schon vor dem Anpfiff hatte den späteren Trainer von Bayer 05 Uerdingen ein merkwürdiges Gefühl beschlichen. Entgegen seines ursprünglichen Planes ging er vor dem Anpfiff doch mit seiner Mannschaft in die Kabine und beschwor die Jungs, die Hamburger nicht zu unterschätzen. Als er die Umkleideräume verließ, rief er den Kollegen noch mit launigen Worten zu: »Denkt an die Siegesschampus und lasst mir einen Schluck übrig.«

Auch Dortmunder Fans waren sehr siegessicher, was auf einem großen Transparent überdeutlich zu lesen war: »Was nutzt dem Uwe sein Gehoppel. Borussia holt sich das Doppel.«

Nach dem Gewinn der Deutschen Meisterschaft waren sich die Westfalen sicher, dass sie nun auch den Pokal gewinnen würden. Zudem wollte man es gern dem Erzfeind aus Schalke nachmachen, der im Jahr 1937 als erste und bisher einzige Mannschaft überhaupt beide Titel in einer Saison gewinnen konnten.

Die Statistik sprach für den BvB, denn die Dortmunder hatten die letzten Partien gegen die Hamburger fast ausnahmslos gewonnen. Dortmund war so etwas wie der große Angstgegner des Hamburger Sportvereins.

Unnachahmlicher Uwe Seeler – bei seinem gehechteten Kopfball ist Dortmunds Abwehrspieler Lothar Geisler ohne Chance; im Hintergrund HSV-Stürmer Gert (»Charly«) Dörfel

Noch nicht vergessen war die Meisterschaft sechs Jahre zuvor, als die Westdeutschen locker und leicht mit 4:1 gewonnen hatten und der HSV nicht den Hauch einer Chance hatte. »Was also«, fragte sich die *Westdeutsche Allgemeine Zeitung* am Tag vor dem Endspiel, »könnte jetzt noch schief gehen?«

Schlagzeilen wie diese waren Uwe Seeler gerade recht. Der Torschützenkönig der Hamburger hatte darauf gebaut, dass sein Team in der Außenseiterrolle nicht richtig ernst genommen würde. »Wichtig ist doch nur, dass wir das Spiel ernst nehmen. Denn wenn die Dortmunder glauben, uns einfach wegschießen zu können, werden sie sehen, was wir mit denen veranstalten.«

Pünktlich um 17.30 Uhr pfiff Schiedsrichter Kreitlein dieses Endspiel um den DFB-Pokal an. 70 000 Zuschauer in Hannover bedeuteten den absoluten Zuschauerrekord für den Wettbewerb. Die Seitenwahl gewannen die Borussen durch Spielführer Burgsmüller gegen HSV-Kapitän Dieter Seeler.

Es soll lange das einzige sein, was beim BvB positiv vermerkt werden kann, denn der HSV legt gleich ein hohes Tempo vor und hat bereits die erste Torchance, als Dieter Seeler mit einem weiten Pass Boyens bedient. Doch überhastet verliert der Hamburger die Nerven und knallt den Ball hoch über das Tor. Trotzdem tankt der HSV aus diesem starken Auftakt Selbstbewusstsein, während sich die Dortmunder zu Beginn sehr zurückhalten. Uwe Seeler taucht gleich zweimal in den ersten zehn Minuten frei vor dem Tor auf, vergibt aber beide Chancen. Wenig später hat erneut der heutige Ehrenspielführer der Nationalmannschaft den Führungstreffer vor dem Fuß, nachdem Flügelflitzer Dörfel zwei Dortmunder umdribbelt hat. »Uns Uwe« nimmt den gefühlvollen Pass auf, aber der Mittelstürmer zielt zu genau und trifft zum Schrecken seiner Mannschaftskameraden und den 30 000 Anhängern des HSV nur die Querlatte.

Doch das »Strickmuster« der Angriffe ist das richtige. Dörfel und Seeler sind das Paar, das immer wieder für Gefahr sorgt, und schon deshalb ist es nicht verwunderlich, dass beide auch an der Führung der Hamburger nach einer halben Stunde beteiligt sind. Wieder

geht Charly Dörfel über den Flügel und flankt auf den Kopf von Seeler, der am heranstürmenden Wessel vorbei ins Tor köpft.

Uwe wird gefeiert – Krug und Stapelfeldt tragen ihren Matchwinner (Nordbild)

Was im Hamburger Fanblock für Riesenjubel sorgt, löst auf der Dortmunder Bank eine heftige Diskussion aus: »Warum ist Wessel da überhaupt herausgekommen? Der soll in seiner Kiste bleiben«, tobt Eppenhoff, dem nicht entgangen ist, wie schwer sich seine Mannschaft tut. Dabei hatte der Coach noch vor dem Angriff vor den Hamburger »Zwillingen« gewarnt.

Flanke Dörfel, Kopfball Seeler, Tor – so hieß in diesen Tagen die Erfolgsformel der Hamburger. Hier gab es zwei Spieler, die sich fußballerisch blind verstanden und jede Abwehr in Schwierigkeiten bringen konnten. Zwei, die menschlich aber nicht immer auf einer Wellenlänge lagen. Mitspieler schwören noch heute, dass Dörfel nach dem 1:0 den Torschützen frotzelte: »Habe ich Dich wieder so schön angeschossen, dass Du gar nicht weg gekommen bist und der Ball nur ins Tor gehen konnte.«

An derartigen Spott hatte sich Seeler längst gewöhnt. Der Neid des Passgebers auf die Torerfolge des Kollegen war stadtbekannt und Dauerthema an den Hamburger Tresen.

Dortmunds Torhüter Bernhard Wessel ist schon ausgestiegen, HSVer Peter Wulf und Uwe Seeler haben ein leichtes Spiel.

Der HSV und die Fans der sechziger Jahre: Dieter Seeler mit Pokal, links Gert Dörfel, dahinter Jürgen Kurbjuhn, rechts Gerd Krug (Nordbild)

128 Sekunden später schlug es bei BvB-Schlussmann Wessel erneut ein. Wer im Stadion den ersten Treffer verpasst hatte, bekam ihn quasi wie eine Wiederholung noch einmal präsentiert. Wieder nahm Dörfel genau Maß, wieder flog Seeler heran, und erneut ging der Ball ins Netz. Der Außenseiter HSV führte durch Seelers zweiten Treffer mit 2:0.

Zwei Treffer mit wochenlangem Anlauf. Denn zur Verbesserung seines ohnehin schon starken Kopfballspiels hatte Seeler immer wieder Sonderschichten nach dem Training am Kopfballpendel eingelegt. Jetzt strahlt er, als er in der Pause in die Kabine kommt: »Seht Ihr, meine Übrstunden haben sich doch gelohnt.«

Ein paar Meter weiter in der Kabine der Dortmunder ist die Anspannung und der Frust über den 0:2-Rückstand spürbar. Der Meister ist in seiner Ehre gekränkt, und noch immer scheinen einige Spieler nicht recht zu begreifen, was der HSV mit ihnen in den ersten 45 Minuten angestellt hat.

Im zweiten Durchgang sollte alles anders werden. Wer weiß, ob sich die Partie gedreht hätte, wenn Cyliax in der 56. Minute das Hamburger Tor und nicht nur die darüber angebrachte Querlatte

Die Fans haben sich längst der Trikots bemächtigt – die HSV-Spieler Ernst Kreuz, Fritz Boyens und Peter Wulf (v.l.) auf dem Weg in die Kabinen

getroffen hätte. Vergeblich und leichtsinnig hatte der HSV in dieser Situation auf Abseits gespielt.

So aber kommt es wie so oft im Fußball, wenn eine Mannschaft mit letzter Verzweiflung stürmt, um mit einem Anschlusstreffer wieder ins Spiel zurückzufinden. Weil Rylewicz völlig frei stehend den Ball zwar an Torwart Schnoor vorbeischiebt, aber nur das Außennetz trifft, nutzen die Hamburger einen ihrer immer seltener werdenden Konter. Wer sonst als Uwe Seeler sollte es sein, der in der 84. Minute mit seinem dritten Treffer durch die Beine von Gegenspieler Geisler das 3:0 und seinem Verein zum ersten Mal den Pokal sichert.

Völlig verdient, wie später auch die Dortmunder feststellen mussten, denn der HSV hatte an diesem Tag einfach die geschlossenere Truppe und die wichtigsten Duelle gewonnen. Stopper Stapelfeldt ließ seinem Gegenspieler Brungs keinen Spielraum. Dieter Seeler schaltete BvB-Spielmacher Schmidt total aus. Uwe Seeler spielte mit seinem Gegner Sturm Katz und Maus. Und auch das Abwehrdreieck Schnoor, Kurbjuhn und Krug stand endlich einmal über 90 Minuten wie eine Festung. Sogar DFB-Präsident Dr. Gösmann lobte den Sieger: »Das war der alte HSV-Stil. Die Kombination Dörfel und Seeler hat die Partie entschieden.«

Auf dem Rasen herrschten südamerikanische Verhältnisse. Die Anhänger versuchten, sich die Trikots ihrer Spieler als Souvenirs zu sichern, und bald standen die Helden nur noch in Sporthosen und Stutzen auf dem Platz. Als aber die Fans auch noch den gerade gewonnenen Pokal haben wollten, wurde es Dieter Seeler zu bunt. Der Kapitän sprintete in die Kabine und rettete so den gerade erkämpften »Pott«.

Der Mann des Tages dachte in der Stunde seines großen Erfolges wieder einmal ganz bescheiden an die Verlierer und versuchte Dieter Kurrat wieder aufzubauen: »Jetzt haben wir eben auch mal gewonnen, ist doch egal. Wir wissen doch, dass Ihr in dieser Saison eigentlich die bessere Truppe gewesen seid.«

Brot und Spiele

Aus heutiger Sicht ist es ganz schön ungewöhnlich, was sich nach dem Duschen in der Kabine abspielte. Denn die Sieger schmierten sich noch ihre Brote für die Heimreise. Diese wurden allerdings mit vielen Litern kühlem Bier auf der Siegesparty heruntergespült. Erwähnenswert ist, dass sogar Charly Dörfel ausnahmsweise einen Schluck Alkohol trank. Das ungewohnte Getränk enthemmte den großartigen Flankengeber total. Kurz vor Mitternacht stieg er auf einen Tisch und zog sich unter dem Gejohle der Anwesenden Stück für Stück aus. Der Striptease war der gelungene Abschluss eines großen Tages.

29. August 1970

Offenbacher Kickers – 1. FC Köln 2:1

Ein Fehlschuss, der Freude machte

Eine Fehlentscheidung des Schiedsrichters brachte das Pokalfinale zwischen dem 1. FC Köln und den Offenbacher Kickers an den Rand eines Spielabbruchs. 83 Minuten lang war die Partie im Niedersachsenstadion eine packende und spannende Angelegenheit. Die Außenseiter aus Offenbach führten überraschend mit 2:1. Winkler (27.) und Gecks (64.) trafen für die Hessen. Den Anschlusstreffer erzielte Löhr in der 73. Minute.

Karl-Heinz Volz ahnt die Ecke und hält den umstrittenen Strafstoß von Kölns Werner Biskup (Horstmüller)

Gruppenbild mit Pokal, v.l.: Schiedsrichter Schulenburg, Linienrichter, Hans Reich, Roland Weida, Winfried Schäfer, Klaus Winkler, Horst Gecks, Josef Weilbächer, Torhüter Karl-Heinz Volz, Egon Schmitt (Horstmüller)

Doch zehn Minuten später kam es zum großen Eklat. Die 50 000 sonst so ruhigen Zuschauer tobten. Schiedsrichter Schulenburg verlor für einige Augenblicke die Übersicht und damit die Kontrolle über das Spiel.

Die tumultartigen Szenen begannen mit einem vermeintlichen Foul von Helmut Kremers an Kölns Stürmer Rupp im Strafraum. Der Unparteiische entschied auf Elfmeter – grenzenloses Staunen bei den benachteiligten Offenbachern und auch bei den Kölnern. Denn niemand hatte bei der Aktion im 16-Meter-Raum eine Unregelmäßigkeit erkannt. Der Pfiff von Schulenburg kam wie aus heiterem Himmel.

Die Spieler umringten den Schiedsrichter, diskutierten, beknieten und beschimpften ihn minutenlang. Doch Schulenburg ließ sich nicht erweichen und deutete immer wieder auf den Elfmeterpunkt. Auch die späteren Fernsehbilder konnten keinen Aufschluss geben, was der Schiedsrichter da gesehen haben wollte.

Der größte Tag in der Vereinsgeschichte: Kickers-Kapitän Egon Schmitt erhält den DFB-Pokal aus der Hand von Innenminister Hans-Dietrich Genscher (Horstmüller)

Plötzlich drehte sich Schulenburg um und zeigte Offenbachs Reich die Rote Karte – Platzverweis für den überragenden Libero, weil er zu heftig reklamiert hatte. Doch der »Sünder« reagierte nicht auf die Hinausstellung und blieb einfach stehen.

»Ja, als ich wegen des Elfers protestierte, hat mich der Schiri runtergestellt«, gibt Reich zu. Doch in diesem Durcheinander vergaß Schulenburg ihn total. Die Proteste des Kölners Overath konnten Schulenburgs Gedächtnis nicht auf die Sprünge helfen. Reich spielte einfach weiter.

Nicht so gefasst reagierten die Fans im Offenbacher Block. Die total genervten Anhänger rüttelten wild an der Umzäunung und versuchten das Fluchttor aufzudrücken. Eine gespenstische Stimmung im Stadion. Angst machte sich breit.

Plötzlich sprang ein schwarzer Offenbach-Fan über den Zahn, verscheuchte vier Ordner mit einem ohrenbetäubenden Gebrüll und rannte direkt auf das Spielfeld. Weitere hundert wild gewordene Offenbacher Fans folgten ihm. Der aufgeputschte Schlachtenbummler schnappte sich den Ball und trat ihn mit voller Wucht weg. Dabei traf er Kölns Biskup und verletzte ihn leicht an der Hand.

Schulenburg hatte es geschafft, das Stadion in eine Hölle zu verwandeln. Nur dem Aufmarsch der Polizei war es zu verdanken, dass die OFC-Fans zurückgedrängt wurden und der Elfmeter nach großer Verzögerung endlich ausgeführt werden konnte.

Der Schiedsrichter schwitzte vor Aufregung. Was würde passieren, wenn Biskup den Strafstoß zum 2:2-Ausgleich nutzen würde? Drohte dann ein Spielabbruch, war der Skandal noch abzuwenden?

Biskup lief an, doch Offenbachs Keeper Volz ahnte die Flugbahn des Balls und wehrte den Strafstoß ab. »Der schoss immer vom Torwart aus gesehen nach rechts. Und auf die Ecke habe ich mich konzentriert«, verriet Volz sein Geheimnis.

Die Polizisten, die die hessischen Fans in Schach hielten, jubelten unverhohlen mit. Der mögliche Spielabbruch schien abgewendet zu sein. Doch der glücklichste Mann auf dem Platz war wohl der Schiedsrichter. Erleichtert sagte er: »Oh ja, als Volz den Ball hielt, fiel mir ein Stein vom Herzen.« Und der 23. Mann weiter: »Ich habe nicht gesehen, dass sich der Torwart zu früh bewegt hatte. Er hat vielleicht ein wenig gewippt. Das ist erlaubt. Und selbst wenn er ein paar Zentimeter von der Linie gewichen wäre, ich hätte den Strafstoß nicht wiederholen lassen. Ich bin ja kein Selbstmörder …«

Selbst die Ehefrau des unglücklichen Elferschützen gestand: »Ich war nicht traurig darüber, dass Werner nicht traf. Denn es war ja auch kein Elfmeter.«

So brachte der Krankenkassenangestellte in Schwarz die Partie, die kurz vor dem Abbruch stand, mit Müh und Not über die Runden. Für die Offenbacher war der Pokalsieg der größte Erfolg in der Vereinsgeschichte. Die Kölner brauchten lange, um zu registrieren, dass sie von den krassen Außenseitern geschlagen worden waren. Und auch finanziell war es für die Rheinländer ein großer Verlust. Schatzmeister Nook: »Uns sind rund 500 000 Mark durch die Lappen gegangen.«

Das war dem Außenseiter vom Main völlig egal. Auch dass beim Siegesbankett Wimpel mit der Aufschrift »Pokalsieger 1970 – 1. FC Köln« auf den Tischen standen, ließ die Cup-Gewinner kalt.

Empfang in Offenbach – Klaus Winkler, Torhüter Karl-Heinz Volz und Helmut Kremers (v.l.) müssen Hände schütteln

Richtig rund ging es für die Offenbacher bei ihrer Rückkehr. 50 000 Anhänger verstopften die Straßen. Für die 30 Meter vom Bahnhof bis zum Festsaal »Kaiserhof« brauchte die Wagenkolonne fast eine Stunde. Der Ordnungsdienst musste den Kickern aus den Autos helfen und sie vor der jubelnden Menge schützen.

Trotzdem verlor Libero Reich alle Knöpfe von seinem Klub-Sacco. Die Fans hatten sie als Souvenirs abgerissen. Reich: »In München bei den Sechzigern habe ich schon manche Parties gefeiert, aber so etwas wie hier in Offenbach habe ich noch nicht erlebt.«

Und OFC-Boss Canellas:« Wir haben viele neue Freunde mit unserem Spiel in Hannover gewonnen. Das schätzen wir genauso hoch ein wie den Pokal selbst ...«

Trainer Schmitt gab den Siegern Urlaub nur bis zum Wecken. Denn dieses Pokalfinale wurde wegen der Fußballweltmeisterschaft in Mexiko verschoben und fand während der laufenden Saison 1970/71 statt.

Nur einer musste nicht am nächsten Morgen auf dem Trainingsplatz erscheinen. Hansi Reich fuhr nach München und holte seinen neuen Wagen, einen BMW 2002, ab. Reich: »Die Prämie für den Pokalsieg kam zur rechten Zeit.« Und auch ein Geschenk für die Kollegen hatte der Libero schon in Bayern bestellt: »Wir haben ja so altmodische Krawatten. Die Lappen sind zu provinziell für Pokalsieger.«

Die Eintagsfliege

Sie »tanzten« nur einen Sommer lang. Zu Beginn der Saison 1970/71 schien für die Offenbacher Kickers noch alles glatt zu laufen. Die Hessen waren in die Bundesliga aufgestiegen und hatten zuvor als Zweitligist die Pokalfinal-Teilnahme und im August sogar den Cup-Erfolg geschafft.
Doch die erste Runde im Pokal der Pokalsieger sollte auch die einzige Begegnung im internationalen Wettbewerb in der OFC-Geschichte bleiben. Die Offenbacher siegten zu Hause gegen den belgischen Vertreter FC Brügge 2:1, schieden aber nach dem 0:2 im Rückspiel aus.
Auch in der Bundesliga hatten sie kein Glück mehr und stiegen aufgrund des schlechteren Torverhältnisses gegenüber Rot-Weiß Oberhausen wieder aus der Erstklassigkeit ab.

1. Juli 1972

FC Schalke 04 – 1. FC Kaiserslautern 5:0

Rekordsieg zu Libudas Abschied

Reinhard Libuda nach dem Pokalsieg, der zugleich ein Abschied sein sollte

Als die letzten Worte der Lobes- und Abschiedsreden verklungen waren, konnte er sich kaum mehr zusammenreißen. Reinhard »Stan« Libuda nahm eine große Serviette, rieb sich verstohlen die Augen und schnäuzte sich die Nase. Der Rechtsaußen, der Generationen von Verteidigern genarrt hatte, der durch zahlreiche Kapriolen, auch außerhalb des Spielfeldes, einige Fußballpräsidenten zur Weißglut gebracht hatte, saß gerührt beim Festbankett des FC Schalke 04 und konnte seine Gefühle kaum unter Kontrolle halten.

Die Königsblauen feierten nicht nur Libuda, sondern hatten an diesem Abend einiges zu bejubeln. Soeben hatten sie mit 5:0 den 1. FC Kaiserslautern im Pokalfinale geschlagen, wären fast sogar noch Deutscher Meister geworden und wurden hinter den Bayern Vizemeister. Zum Dritten – Grund für Libudas Tränen – wurde der großartige Fußballzauberer nach vierzehn erfolgreichen Jahren Schalke in Richtung Frankreich, zu Racing Straßburg, verabschiedet. »Die Franzosen haben natürlich eine andere Mentalität als die Leute im Pott. Aber ich nehme meine Familie mit. Der Wechsel ist notwendig, weil ich an meine Zukunft denken muss«, erklärte Libuda.

Das Geld lockte ihn ins Nachbarland.

Die Trickkiste des quirligen Stürmers wurde vorerst zugeklappt. Die Sprechchöre »Li-bu-da« waren anschließend für 18 Monate in der Bundesliga nicht mehr zu hören.

1974 kehrte »Stan« zurück auf Schalke, wo er Ende des Jahres mit 264 Spielen und 28 Toren seine Karriere endgültig an den Nagel hing. Sein Beiname »Stan« war ein unmissverständlicher Ritter-

schlag der Fans. Libuda wurde nach dem legendären englischen Fußballhelden Sir Stanley Matthews benannt, der aufgrund seiner Spielkunst von der Queen sogar zum Ritter ernannt worden war.

Günter Siebert, Präsident des FC Schalke, lobte zum Abschied: »Es war erhebend, wie Reinhard noch einmal Fußballgeschichte geschrieben hat. Natürlich lassen wir ihn ungern gehen, aber diese Chance dürfen wir ihm nicht verbauen.«

Zehn Tage zuvor träumten Libuda, der FC Schalke 04 und eine ganze Region noch vom doppelten Schalke-Triumph, vom Double. Als Tabellenzweiter reisten die Gelsenkirchner nach München zum Spitzenreiter. Der 34. Spieltag war wie ein Finale um die Deutsche Meisterschaft. Der Sieger würde die Schale gewinnen und wäre neuer Titelträger. Ein Unentschieden half nur den Münchner Gastgebern weiter. Die junge Truppe aus dem Pott hatte in der gesamten Spielzeit den Bayern mutig die Stirn geboten. Der amtierende Titelverteidiger Borussia Mönchengladbach rangierte mit neun Punkten abgeschlagen nur auf Platz drei.

Doch die Hoffnungen zerplatzten wie ein Luftballon in der heißen Sonne. Die Münchner Superstars Beckenbauer, Müller und Hoeneß machten kurzen Prozess mit den Himmelstürmern und schickten die Knappen mit 5:1 zurück in den Westen.

Der Frust steckte tief. Drei Tage später stand schon das zweite Endspiel, diesmal aber im DFB-Pokal, an. Keine guten Voraussetzungen für einen Erfolg im Cup-Wettbewerb, zumal in Hannover mit Kaiserslautern ein starker Gegner wartete.

Schalkes Coach Ivica Horvat war in diesen rund 72 Stunden nach der Pleite in München nicht zu beneiden. Er musste seine demotivierte Truppe wieder aufrichten, sie auf die Pfälzer und das Pokalfinale wieder einstellen. Horvat: »Keiner von uns darf jetzt noch an die Meisterschaft denken. Wir müssen nach vorn schauen. Das einzige, was zählt, ist der Erfolg gegen den 1. FC Kaiserslautern.«

Kaum war der Tross zurück in Gelsenkirchen, begann der emsige Trainer mit Einzelgesprächen. »Bei jedem Spieler muss man anders ran. Einige müssen hart angepackt werden, andere brauchen Streicheleinheiten.« Mittelstürmer Klaus Fischer war optimistisch und gab sich kämpferisch: »Die Lauterer sind nur halb so stark, wenn sie nicht auf dem Betzenberg spielen.«

Doch für Horvat war nicht nur die lädierte Psyche ein Problem, auch Verletzungen machten ihm zu schaffen. Besonders schwer hatte es Torhüter Norbert Nigbur getroffen. Im Olympiastadion musste er mit einer Knieverletzung den Platz verlassen, und nun taten die Ärzte und Masseure alles, den Schlussmann zum Anpiff noch fit zu bekommen.

Nur wenige Minuten vor dem Spiel gab Nigbur selbst grünes Licht. »Ich kann gegen Kaiserslautern spielen. In so einer Situation darf ich meine Kameraden einfach nicht im Stich lassen.«

Klaus Fischer springt im Torjubel über Lauterns Torhüter Jupp Elting, links Ernst Diehl (Lautern), in der Mitte Klaus Scheer. (Horstmüller)

Eine Nachricht, die in Schalke Steine von den Herzen rollen ließ. Doch auch die Gegner aus Kaiserslautern reagierten sportlich. Lauterns Torhüter Jupp Elting, der zwei Jahre lang hinter Nigbur zweiter Mann im Schalker Tor gewesen war: »Ich freue mich, dass Nobby spielt.« Und der Fußball-Obmann der Roten Teufel, August Diehl: »Wir wollen gern gegen die stärkste Schalker Truppe antreten. Sportlich haben wir nichts, wenn wir gegen einen geschwächten Gegner spielen. Es wäre unfein, wenn wir vom Missgeschick des Gegners profitieren würden.«

Das Pokalfinale am 1. Juli war ein Kassenschlager. Mit 65 000 Zuschauern war das Niedersachsenstadion ausverkauft. Rund 25 000 Fans waren aus Gelsenkirchen angereist, 10 000 aus der Pfalz. Eigentlich trafen sich in diesem Endspiel die bisherigen Pokalversager, denn Schalke hatte in sieben Endspielen erst einmal (1937) gewonnen und die Lauterer wollten im zweiten Anlauf nach 1961 den »Pott« erstmals auf den Betzenberg entführen.

Schalke ließ gleich nach dem Anpfiff von Schiedsrichter Aldinger keinen Zweifel daran, dass Trainer Horvat hervorragende psychologische Aufbauarbeit geleistet hatte. Die königsblaue Angriffsmaschinerie funktionierte von Beginn sehr gut. In der zweiten Minute versetzte Libuda seinen Gegenspieler Fuchs und flankte präzise nach innen, doch Klaus Fischer köpfte den Ball knapp vorbei. Für »Stan« war der gelungene Start ganz wichtig für das Nervenkostüm. Der sensible Fußballer wusste lange Zeit vor der Partie nicht, wie er mit dem Druck, sein letztes Spiel für Schalke zu bestreiten, klar kommen würde.

Aber jetzt spürte er, dass ihn keiner an diesem Tag aufhalten konnte. Besonders Arbeitsbiene Lütkebohmert unterstützte ihn, hielt Libuda den Rücken frei und kurbelte immer wieder das Angriffsspiel nach vorn an, wo von der linken Seite die Kremers-Zwillinge ihrerseits viele Attacken auf das Lauterer Tor starteten. So hatte die Schalker Flügelzange die Roten Teufel quasi im Würgegriff.

Die Schalke-Brüder machten in einer gemeinsamen Aktion das 1:0 – nach einer Vorlage von Erwin kurvte Helmut um die Lauterer Schwager und Diehl herum und schoss unhaltbar zur Führung

Neue Regel, weniger Spannung

Eine Neuregelung im deutschen Pokal zerstörte auf einen Schlag die Spannung und den Charme dieses Wettbewerbs.
In der Spielzeit 1971/72 wurden die Hin- und Rückspiele im Cup eingeführt. Die Folge: Es gab kaum mehr Überraschungen durch unterklassige Vereine.
Ein paar Beispiele: Fortuna Köln schlug zwar den FC Bayern München mit 2:1, unterlag dann aber im Rückspiel im Olympiastadion hoch mit 0:6. Oder Schweinfurt 05, die Eintracht Frankfurt mit 1:0 schlugen und dann im zweiten Spiel sang- und klanglos mit 1:6 untergingen.
Hannover 96 unterlag bei Holstein Kiel mit 4:5, konnte aber den Fehltritt im Rückspiel durch ein 7:1 wieder wettmachen.
So hatten die Macher beim DFB zumindest zeitweilig dem Pokal-Fußball die Spannung genommen.

(13.) ein. Wenn mal die Süddeutschen vor das Schalker Tor kamen, wurden sie von Rüßmann und Fichtel in der Abwehr der Schalker erwartet, und so versiegten auch die vereinzelten Angriffe der Pfälzer im dichten Defensivdickicht der Gelsenkirchener.

In der 32. Minute jubelte wieder die Schalker Fankurve, als Lütkebohmert maßgerecht nach innen flankte und Scheer den Ball perfekt mit dem Kopf zum 2:0 erwischte.

Kaiserslauterns Schock saß tief, zumal Schalke auch nach der Pause stark war und Lautern wie ein angeknockter Boxer übers Feld taumelte. Es war nur dem Pfälzer Keeper Elting zu verdanken, dass das endgültige Aus hinausgezögert wurde. Der reaktionsschnelle Torwart vereitelte rund ein Dutzend guter Chancen der Schalker. Aber als in der 57. Minute dann auch noch das 3:0 fiel, war es auch mit seinem Aufbäumen endgültig vorbei. Lütkebohmert hatte aus rund 32 Metern Maß genommen, und der Flachschuss war ins untere Eck von Eltings Tor gerutscht. Der Widerstand des 1. FC Kaiserslautern war nun gebrochen, und die Schalker marschierten weiter in Richtung gegnerisches Tor.

Van Haaren passt auf Libuda. Der sprintet mit dem Ball los und zeigt noch einmal seinen Anhängern, wie kreativ er spielen kann. Gegenspieler Fuchs sieht wieder nur Stans Hacken. Libuda passt in den Strafraum, und dort brauchte Klaus Fischer (66.) nur noch locker einzuschießen. Den Schlusspunkt unter diesen mittlerweile ungleichen Kräftevergleich setzt Helmut Kremers per Freistoß (82.) aus 18 Metern mit dem verdienten 5:0. Er macht damit den höchsten Pokalerfolg aller Zeiten klar. Verteidiger Kremers: »Ich habe da ein Loch in der Abwehrmauer gesehen. Weitschüsse sind eben meine Spezialität.« Und doch ist Kremers an diesem Jubeltag ziemlich verärgert: »Ich verstehe gar nicht, wieso alle Welt immer nur von meinem Zwillingsbruder Erwin spricht.«

Die politische Prominenz, Bundesinnenminister Hans-Dietrich Genscher, Rheinland-Pfalz-Ministerpräsident Helmut Kohl und der FDP-Fraktionsvorsitzende Wolfgang Mischnick, stand Spalier, als Kapitän »Stan« Libuda in seinem vorerst letzten Spiel für Schalke den »Pott« hochhielt.

Die Väter des Erfolges waren Präsident Siebert und Trainer Horvat, deren Philosophie damals lautete: »Die jungen Leute nur nicht drängen.«

Der Spaß am Sport sollte nie verloren gehen, und Siebert verstieg sich in eine sehr optimistische Prognose: »Diese junge Truppe wird in den nächsten Jahren zweimal die Deutsche Meisterschaft erringen.«

Vielleicht wäre die Vorhersage auch Realität geworden. Doch der Bestechungsskandal und seine Folgen machten dem Schalker Boss einen dicken Strich durch seine Vorhersage. Bereits am 17. April 1971 hatten Schalker Spieler für eine freiwillige Niederlage Geld angenommen. Das 0:1 in Bielefeld gehört zu den unerfreulichsten Kapiteln in der deutschen Fußballgeschichte.

Die Schalker Fans wussten von diesen Vorkommnissen noch nichts, als sie 1972 ausgelassen den zweiten Pokalerfolg der Vereinsgeschichte feierten. Das gesamte Revier war mobilisiert, und als die Helden mit einer halben Stunde Verspätung am Gelsenkirchener Hauptbahnhof ankamen, verstopften rund 60 000 Fans die Straßen der Stadt. Der Autocorso kam nur im Schneckentempo voran. Der Tieflader mit den Spielern musste teilweise stoppen, so groß war der Andrang der Anhänger. Aus Begeisterung wurden Bürgersteige, Rollläden, Zäune und sogar Autos in den Schalker Vereinsfarben bemalt. Auf dem Hauptmarkt von Gelsenkirchen war die Hölle los, und rund 80 000 Anhänger bejubelten ihre Helden. Gelsenkirchens Oberbürgermeister Josef Löbbert benötigte für den Beginn seiner Gratulationsrede fast fünf Minuten, denn die Geräuschkulisse war einfach zu groß.

Wer ganz genau hinschaute, sah Reinhard Libuda auf dem Triumphzug manchmal ein wenig verträumt in die Menge schauen und von Zeit zu Zeit eine Träne verdrücken …

23. Juni 1973

Borussia Mönchengladbach – 1. FC Köln 2:1 n.V.

Netzer kam, sah und siegte

Manchmal sagen Fotos mehr als viele Worte – wie jenes Siegerbild aus dem Jahr 1973. Es zeigt den Pokalsieger Borussia Mönchengladbach. Die erfolgreichen Rheinländer bejubeln ihren 2:1-Erfolg nach Verlängerung über den 1. FC Köln.

Da reckt Dauerläufer Wimmer den goldenen Pokal für die Fotografen und Fans in den Himmel. Kaum ein Gladbacher hat nach diesem packenden Endspiel noch sein eigenes Trikot an. Da sitzen und stehen sie jetzt also zum Fototermin, gekleidet in die Hemden der Verlierer.

Noch tragen sie – unmittelbar nach Spielschluss – die Fohlen-Trikots: Klaus Sieloff, Günter Netzer, Uli Stielike, Christian Kulik und Torhüter Wolfgang Kleff.

Nur einer hat dabei sein gestreiftes Borussen-Trikot nicht hergegeben, weil es für ihn mit einem ganz besonderen Tag verbunden war. Ein Spiel, das weder er noch alle Augenzeugen jemals vergessen werden.

Günter Netzer behielt sein Hemd an. Er wusste, dass dieses Trikot sein letztes Spiel im Dress der Gladbacher begleitet hatte. »Es ist ein Erinnerungsstück, und ich habe es heute noch«, sagt der geniale Spielmacher.

Zurück zu jenem Siegerbild. Denn es erzählt uns auch einen anderen Teil aus der Geschichte des Spiels. Der großartige Spielmacher auf der flachen Bühne steht ganz außen. Dann auf der anderen Seite, ganz weit entfernt, Trainer Weisweiler. Auch optisch wollen die beiden Kontrahenten der letzten Wochen selbst in der Stunde des Sieges nichts miteinander zu tun haben. Ein bitteres Ende im vielleicht besten Pokalendspiel aller Zeiten.

Gladbachs Kapitän Herbert Wimmer mit funkelndem Pokal, Innenminister Genscher mit strahlendem Lächeln

Die Vorgeschichte ist aus heutiger Sicht nicht außergewöhnlich, denn der Verein hatte für den blonden Spielmacher aus Madrid lediglich ein Angebot bekommen. Die Königlichen von Real wollten sich unbedingt die Dienste des Mönchengladbachers sichern, und der kleine Verein vom Niederrhein, der von Transfererlösen abhängig war, gab grünes Licht.

Das sorgte für Wirbel, denn die Fans fragten auf großen Plakaten: Wie kann man Netzer gehen lassen? Doch Netzer selbst hatte sich entschieden, unter anderem weil sein schlechtes Verhältnis zu Trainer Hennes Weisweiler für ihn ein Grund war, so schnell wie möglich den Verein zu verlassen.

Die beiden Fußball-Größen konnten und wollten keinen Zentimeter ihres erkämpften »Reviers« an den Widersacher abtreten. Eitelkeiten, Neid, Missgunst und viele kleine Sticheleien führten zum absoluten Bruch in diesem Verhältnis.

Zur Eskalation kommt es im letzten Spiel der Saison, jenem Pokalfinale gegen den rheinischen Erzrivalen 1. FC Köln. Als die Journalisten vor der Begegnung einen Blick auf die Mannschaftsaufstellungen werfen, trauen sie ihren Augen nicht. In der Anfangsformation der Gladbacher fehlt der Name Netzer. Der Trainer hat den schlaksigen Spielmacher einfach auf die Ersatzbank verbannt. Die Verwunderung ist groß, zumal der Mittelfeldstratege schnell klarstellt, dass er nicht verletzt ist. Den aus seiner Sicht wahren Grund liefert er mit: »Weisweiler wollte den totalen Triumph, und den besonders ohne mich. Er wollte der absolut Größte sein und mich demütigen.«

Der Trainer stand mit seiner Entscheidung allein. Die meisten Spieler konnten diese Maßnahme nicht verstehen. »Mit Netzer sind wir viel stärker. Wir glauben fest an ihn. Ohne seinen Spielwitz sinken unsere Chancen«, reagierte Mitspieler Rainer Bonhof. Doch der »Feldherr« unter den Fußballlehrern ließ keine andere Meinung zu: »Ich lasse mir nicht von der Mannschaft in die Aufstellung hineinreden. Und ich lasse mir von der Presse keinen in die Mannschaft hineinschreiben. Ich bin kein Helmut Schön ...« Ein deutlicher Seitenhieb auf den damaligen Trainer der Nationalmannschaft, dem oft nachgesagt wurde, dass er angeblich zu sehr auf befreundete Journalisten hörte.

Doch nicht nur den Trainer verstand die Mannschaft nicht mehr. Auch die Beziehung zwischen dem Präsidium und den Spielern war spätestens nach dem 0:3 im UEFA-Cup-Spiel beim FC Liverpool ins Wanken geraten. Manager Grashoff schimpfte damals: »Ich glaube, wir haben sie zu gut behandelt in der Vergangenheit. Jetzt werden wir einen anderen Ton anschlagen.«

Auch ein zweiter Star war in Ungnade gefallen. Der eisenharte Verteidiger Berti Vogts hielt immer treu zu seinem Freund Netzer und kritisierte den Transfer zu Real Madrid: »Ein unmöglicher Schritt unseres Vereins.« Deutliche Worte fand Vogts, sonst eher zurückhaltend, auch am Abend nach dem großen Pokalsieg: »Mir gefällt bei Borussia vieles nicht mehr. Vielleicht ist es mein letztes Jahr in Gladbach.«

Alle Kameras, alle Augen sind auf Netzer gerichtet, als Schiedsrichter Tschenscher im Düsseldorfer Rheinstadion die Partie anpfeift. Der »Schlappe«, wie er noch heute von seinen Freunden genannt wird, sitzt zusammengekauert auf der Ersatzbank, das Kinn auf den Ellbogen gestützt.

Immerhin kann er von der Seitenlinie aus ein Klassespiel beobachten, in dem es von Beginn an spannend ist. Bernd Rupp schlängelt sich nach 48 Sekunden an zwei Kölnern vorbei und steht plötzlich allein vor Kölns Torhüter Gerhard Welz. Der Gladbacher hebt den Ball über den Keeper, doch bevor die Kugel ins Tor rollt, schießt ihn Nationalverteidiger Bernd Cullmann von der Linie.

Ausgleich der Kölner durch Herbert Neumann (Rückennummer 11) – Kapitän Wolfgang Overath und Heinz Flohe drehen ab, Berti Vogts (3) sieht die Bescherung.

Ein starker Beginn für die Mönchengladbacher, doch es ist erst der Startschuss für einen wilden Schlagabtausch, in dem nach 23 Minuten das erste Tor fällt. Dauerläufer Wimmer bekommt am Strafraum den Ball, täuscht ein Abspiel an, umspielt mit dieser Körpertäuschung gleich zwei Abwehrspieler und nutzt das kleine Loch zur 1:0-Führung.

Trainer Weisweiler ballt die Faust. Er jubelt, weil es für ihn eine kleine Genugtuung ist. Der Coach scheint mit der Aufstellung doch das richtige glückliche Händchen zu haben. Und Günter Netzer?

Der macht gute Mine zum bösen Spiel, klatscht auf der Bank begeistert in die Hände und freut sich über den schönen Treffer seines Mannschaftskollegen.

Das Spiel wird immer besser, und aus fast jedem Angriff resultiert eine Torchance. Eine Sternstunde des Fußballs vor 70 000 Zuschauern.

Fünf Minuten vor dem Halbzeitpfiff schaffen die mutigen Kölner den Ausgleich. Spielmacher Wolfgang Overath legt per Hacke auf, Neumann zieht aus rund 25 Metern ab und Borussen-Torwart Wolfgang Kleff ist machtlos. Unter frenetischem Beifall des begeisterten Publikums gehen die Akteure in die Pause. Auch auf der Tribüne gibt es viel Lob. Bundestrainer Helmut Schön frohlockt: »Ein schöneres und spannenderes Pokalendspiel kann man sich kaum vorstellen. Es war in den ersten 45 Minuten alles drin, was ein Fußballfreund so liebt. Das Spiel ist sogar über manches englische Cup-Finale zu stellen.«

Kaum zu glauben, dass die Spieler auch im zweiten Durchgang weitermachen, als habe es gar keine Pause gegeben. Plötzlich steht Heinz Simmet (47.) allein vor Kleff, nur der Abseitspfiff rettet Gladbach vor einem Rückstand. Nach einer Stunde hat die »Fohlenelf« die große Chance zur erneuten Führung, als der Kölner Kapellmann Jupp Heynckes im Strafraum zu Fall bringt. Der Gefoulte läuft entgegen allen Regeln des Fußballsports an, doch Welz ahnt die Ecke und hält den Strafstoß. Weiter steht es 1:1 und das Spiel auf des Messers Schneide.

Auch Köln hat noch Chancen. Flohe (80.) zieht einfach mal ab, aber der Ball springt von der Latte wieder ins Feld zurück. Drei Minuten vor dem Abpfiff muss Heynckes eigentlich alles klar machen, aber sein Schuss knallt an den Außenpfosten. Das Drama geht in die Verlängerung. Alles schaut nach draußen, doch Hennes Weisweiler macht weiterhin keine Anstalten, seinen Star von der Bank einzuwechseln.

Es ist der Moment, in dem Günter Netzer sein Schicksal in die eigene Hand nimmt. Folgender Dialog ist von Augen- und Ohrenzeugen überliefert. Netzer, des Bankdrückens überdrüssig, fragt

Kölner Frust

Die Kölner waren nach der 1:2-Niederlage untröstlich. Bernd Cullmann weinte hemmungslos, als er das Rheinstadion verließ. »Was nutzt es uns, wenn wir gut spielen und doch immer nur Zweiter werden«, haderte Kapitän Wolfgang Overath mit dem Schicksal. Und sein Trainer Rudi Schlott sagte: »An den Zweiten denkt nach einigen Tagen ohnehin niemand mehr.«
Die Kölner Fassungslosigkeit war durchaus nachzuvollziehen, war der FC scheinbar auf zweite Plätze abonniert. 1:2 verloren die Kölner im Pokalendspiel 1970 gegen Kickers Offenbach, mit dem gleichen Ergebnis unterlagen sie unglücklich nach Verlängerung im Pokalendspiel 1971 gegen die Münchner Bayern. Zudem gab es auch 1973 einen weiteren zweiten Platz, als Vizemeister hinter den Bayern.

den schnaufenden Kulik: »Junge, Du kannst doch nicht mehr?« Der antwortet prompt: »Ich bin fix und fertig.« Netzer marschiert zu seinem Trainer und sagt: »Der Christian ist am Ende. Der will raus. Ich gehe jetzt für ihn rein.« Später erzählt Netzer traurig: »Da blieb ihm nichts anderes übrig als zu nicken. Hätte ich nicht selbst eingegriffen, wäre ich auch für die letzte halbe Stunde draußen geblieben.«

Es ist nur das Vorspiel zur Krönung. Denn in der 94. Minute passiert, was gemeinhin der Stoff für Heldengeschichten ist. Netzer stürmt mit der Nummer 12 auf dem Rücken und wehenden blonden Haaren auf das Kölner Tor zu, spielt einen schönen Doppelpass mit Bonhof und hämmert den Ball aus 20 Metern genau in den linken Torwinkel. Das Tor, das dieses Finale entscheidet, und Günter Netzer hat seiner Mannschaft und den Fans das beste Abschiedsgeschenk gemacht – und auch noch in der letzten Partie über seinen Kontrahenten Weisweiler triumphiert.

Auch auf der nächtlichen Pokalfeier war der Ärger noch nicht ausgestanden. Der große Sieger des Finales lud nach dem Empfang beim Oberbürgermeister die Mannschaft und den Vorstand in seine Diskothek »Lovers Lane« ein. Alle kamen und feierten, nur Weisweiler ließ sich mit einer Ausrede entschuldigen: »Ich muss in aller Frühe nach Paris, da geht mein Urlaubsflugzeug nach Japan.«

Für Netzer war es Zeit, endgültig einen Schlussstrich zu ziehen: »Zwischen uns ist das Tischtuch für immer zerschnitten.«

Auch Netzer stieg am Morgen in ein Flugzeug, flog mit Freundin Hannelore nach Madrid und schaute sich verschiedene Mietwohnungen an. Später wurde er der spanischen Presse als Neuzugang vorgestellt, und danach flog er weiter nach Ghana in den Urlaub.

Zurück an den Bökelberg kam er schon sechs Wochen später zum Freundschaftsspiel gegen Borussia Mönchengladbach. Doch diesmal trug er ein anderes Trikot – das von Real Madrid.

Das Traumtor des Günter Netzer in einer Sternstunde des deutschen Fußballs: Kaum eingewechselt in der Verlängerung, kommt er an den Ball, legt ihn sich zurecht, zieht ab (oben) – und trifft genau in den linken Torwinkel unhaltbar für Kölns Torhüter Gerhard Welz. (Horstmüller)

ter Allgemeine
ZEITUNG FÜR DEUTSCHLAND
Meine Bank-
mann Bank
HSV

Frankfurter Allgemeine
Meine Bank-Bethmann Bank
HSV

26. Juni 1976

Hamburger SV – 1. FC Kaiserslautern 2:0

Als der Manager baden ging ...

Als Peter Nogly am frühen Morgen dieses 26. Juni auf das Thermometer schaut, bekommt der HSV-Kapitän einen großen Schreck. Ungläubig reibt er sich die Augen und glaubt zunächst, er habe sich verguckt. Das, was da auf dem Thermometer angezeigt ist, kann doch nicht stimmen. Immerhin ist es gerade erst kurz nach 6 Uhr, und trotzdem werden zu diesem Zeitpunkt schon knapp über 20 Grad Celsius im Schatten gemessen.

Doch bei dieser drückenden Hitze war an Schlaf nicht mehr zu denken. So trafen nach und nach immer mehr Profis des Hamburger SV im Frühstücksraum des Hotels ein. So ungewöhnlich früh, dass selbst das Personal mit den letzten Frühstücksvorbereitungen noch nicht fertig war.

Den Spielern von Gegner Kaiserslautern erging es kaum anders. Auch ihre Nacht war aufgrund der unerwarteten Hitze kürzer als geplant. Es gab aber auch einen anderen Grund, warum die meisten Fußballer an diesem Morgen ziemlich übernächtigt waren. Punkt drei Uhr hatten sie sich in den Zimmern gegenseitig geweckt und heimlich den Weltmeisterschaftskampf von Box-Weltmeister Cassius Clay gegen den Briten Richard Dunn angeschaut. »Das sind große Augenblicke des Sports, die darf man sich einfach nicht entgehen lassen«, erinnert sich Caspar Memering.

Nun kam auch das Wetter noch belastend auf die Nachtschwärmer zu. »Es war an diesem Tag ein Wetter, um ins Freibad zu gehen oder mit einem kühlen Getränk im Liegestuhl zu faulenzen«, schildert Nogly seine damaligen Empfindungen.

Oben: HSV-Trainer Kuno Klötzer mit Pokal und Siegermannschaft
Unten: Caspar Memering, Rudi Kargus und Peter Nogly (v.l.) bei der Ehrenrunde im Frankfurter Waldstadion

Doch der Arbeitstag der HSV-Profis hatte anderes auf dem Plan: Im Frankfurter Waldstadion war am Nachmittag das 33. Pokalfinale angesetzt. Ein unglaubliches Fußballspiel, das schon aufgrund der äußeren Umstände in die Pokalgeschichte eingehen sollte. Denn was sich beim morgentlichen Aufstehen angekündigt hatte, sollte später noch schlimmer werden. Frankfurt erlebte die größte Hitzeschlacht, die es je in diesem Wettbewerb gegeben hat.

Schnell besorgten sich die Hamburger Betreuer in der Frankfurter Innenstadt noch einige Sonnenhüte, die die Ersatzspieler auf der ungeschützten Spielerbank vor der strahlenden Sonne schützen sollten. Mit dieser Kopfbedeckung sahen die Norddeutschen allerdings eher wie Mallorca-Urlauber als ernst zu nehmende Fußball-Profis aus. An der Seitenlinie standen alle paar Meter zahlreiche Wassereimer zur Erfrischung bereit. Doch bei einer Temperatur von 34 Grad Celsius im Schatten und 55 Grad Celsius auf dem Rasen war das nur eine ganz kurz wirkende Hilfsmaßnahme.

Der HSV ging als klarer Favorit in die Partie gegen den 1. FC Kaiserslautern, war man doch amtierender Vizemeister hinter Champion Mönchengladbach und hatten im Halbfinale des Pokalwettbewerbs sensationell den großen FC Bayern München ausgeschaltet.

Zu allem Überfluss musste FCK-Trainer Ribbeck auf den verletzten Torjäger Klaus Toppmöller verzichten. Dafür konnten die »Roten Teufel« Sandberg, Riedl und Pirrung nach einigen Wochen Pause wieder einsetzen. Von einem Handicap für die Außenseiter war demzufolge auch wenig zu spüren. Im Gegenteil, Lautern begann trotz tropischer Hitze, als würde das Spiel nur 30 Minuten dauern. So stand zunächst auch HSV-Schlussmann Rudi Kargus im Mittelpunkt, doch der Keeper hatte aufgepasst und sich dem frei vor ihm auftauchenden Stickel (12.) mutig entgegen geworfen. Kargus blieb für Minuten benommen liegen, nachdem der Pfälzer ihn mit dem Fuß im Gesicht getroffen hatte.

Vier Minuten später hämmerte Sandberg (16.) den Ball aus 20 Metern auf das Hamburger Tor, aber wieder reagierte Kargus blitzschnell. Auch beim Abpraller, der Stickel vor die Füße gefallen war, gewann wieder der HSV-Torhüter das Duell.

Lob vom Kanzler

Nur wenige Minuten nach dem Abpfiff erhielt HSV-Kapitän Peter Nogly ein Grußtelegramm vom Bundeskanzler Helmut Schmidt. »Fern der Heimat, auf dem Flug nach Puerto Rico, möchte ich Ihnen, lieber Herr Nogly, allen Ihren Mannschaftskameraden und Trainer Kuno Klötzer sehr herzlich zum Sieg im Endspiel um den DFB-Pokal gratulieren. Dass der Pokal endlich einmal wieder nach Hamburg geholt wurde, erfüllt mich als Hamburger in Bonn und HSV-Anhänger mit besonderer Freude und Stolz.«

Ronnie Hellström geschlagen – Peter Nogly jagt den Ball zur 1:0-Führung in die Maschen …
… und dreht jubelnd ab.

Das erste Tor fiel überraschend auf der anderen Seite. Mit dem ersten gefährlichen Angriff gelang dem HSV nach 22 Minuten das 1:0. Der Däne Ole Björnmose hatte gefühlvoll auf Peter Nogly geflankt, und der HSV-Kapitän war schneller als Kaiserslauterns WM-Torwart aus Schweden, Ronnie Hellström.

Kaiserslautern ist geschockt. Keiner hat nach dem bisherigen Spielverlauf mit einem Rückstand gerechnet. Auf einmal ist die Selbstsicherheit und der Schwung der Anfangsphase wie weg geblasen. So schauen die Lauterer beinahe staunend zu, als der HSV ganze vierzehn Minuten später die Vorentscheidung in dieser Hitzeschlacht erzielt. Volkert zieht kraftvoll ab, der Ball trifft Lauterns Melzer, und den Abpraller schießt der heranstürmende Björnmose flach ins linke Toreck.

Kurz vor dem Abpfiff muss der HSV noch um den Pokalsieg zittern, denn gleich zweimal sind die tapfer kämpfenden Pfälzer vor dem Anschlusstreffer. Erst hat Sandberg (80.) eine tolle Kopfballchance, bei der Libero Blankenburg auf der Linie rettet. Zwei Minuten vor dem Abpfiff scheitert der Stürmer mit einem Schuss am überragenden Kargus.

Pünktlich nach 90 Minuten pfiff Schiedsrichter Eschweiler die Partie im Glutofen Waldstadion ab. Auch der Unparteiische hatte keine Lust, nur eine Sekunde länger in der Hitze herumzurennen. Der HSV war zum zweiten Mal in seiner Geschichte Deutscher Pokalsieger.

In der Kabine der Hamburger herrschte Partystimmung, denn die Anspannung der Favoritenbürde war großer Freude und Jubel gewichen. Die Profis feierten ausgelassen ihren Triumph. Linksaußen Volkert schlich sich von hinten an HSV-Manager Dr. Krohn heran und rief ihm zu: »Herr Doktor, kommen Sie doch mal an den Beckenrand, die Mannschaft würde Sie gern sprechen.« Arglos näherte sich der Hamburger Macher seinem »Unglück«, und dann war es auch schon zu spät. Volkert schubste Dr. Krohn in das Entmüdungsbecken.

Einige Spieler hatten etwas Angst vor der Empörung Krohns, doch die Reaktion des Funktionärs fiel ganz anders aus. Er strahlte

Stress beim Zuschauen

Eine positive Bilanz konnten die Organisatoren auch nach dem Finale ziehen. Nur wenige der 60 000 Zuschauer kamen in der tropischen Hitze des Waldstadions ernsthaft zu Schaden. Dabei hatte es zeitweise schlimm ausgesehen, denn die sieben Ärzte und 98 Sanitäter des Roten Kreuzes waren im Dauereinsatz: Acht Herzinfarkte, 18 Hitzschläge, 19 Kreislaufzusammenbrüche waren zu behandeln.

über das ganze Gesicht und genoss den Beifall seiner Spieler. Schon mal nass, machte der Manager gleich beim so genannten »Taufvorgang« mit. Völlig durchnässt, aber überglücklich rief er: »Hiermit seit Ihr Weltklassespieler. Und jetzt holen wir den Europapokal. Unser nächstes Ziel ist der Gewinn des Cups der Cup-Sieger. Alles andere wäre für mich und die Mannschaft reizlos.«

Lauterns Stürmer Heinz Stickel kommt zwischen Nogly (l.) und Willi Reimann ungehindert zum Kopfball, doch der Erfolg bleibt aus.

Ein wenig abseits stand Kuno Klötzer. Der Trainer wollte im Augenblick des Erfolgs lieber ein paar Minuten allein sein. Nur die Glückwünsche und Küsschen von Töchterchen Helga (»Oh Vati, wie ich mich für dich freue«) ließ »Ritter Kuno« zu. Zu groß war für ihn die Anspannung in dieser Saison gewesen. Die Dauerfehde mit Dr. Krohn hatte den alten Fuchs erschöpft. Mit müden Augen erzählte er auf der anschließenden Feier: »Was war das für eine Saison. Wir waren im Halbfinale des UEFA Cups, sind Deutscher Vizemeister und haben auch noch den Pokal gewonnen. Wirklich – das war die Krönung meiner Trainerlaufbahn.«

Klötzers Frau Anneliese verfolgte die Begegnung am Fernsehschirm in Hamburg. »Gott sei Dank hat es geklappt. Kuno hat doch so lange darauf warten müssen.«

Kontrahent Krohn war in der folgenden Feierstimmung sogar ganz versöhnlich gestimmt: »In mir ist manchmal eine tiefe Sehnsucht nach einem kongenialen Partner, nach Sinnverwandtschaft. Vielleicht sind Kuno Klötzer und ich auch das Traumpaar des deutschen Fußballs. Wir ergänzen uns, wir reiben uns – und hatten bisher damit großen Erfolg …«

Die traurigen Lauterer hatten ganz andere Probleme. Ein Angebot aus Spanien für Toppmöller brachte viel Unruhe in den Verein. Der Torjäger, der durch einen schweren Autounfall die Europameisterschaft und das DFB-Pokalfinale verpasst hatte, wurde vom Zweitligisten FC Burgos umworben. Doch FCK-Präsident Willi Müller lehnte das Millionenangebot ab: »Wir haben gegen den HSV erlebt, wie unersetzlich Toppmöller für unsere Mannschaft ist.«

28. und 30. Mai 1977

1. FC Köln – Hertha BSC Berlin 1:1, 1:0

Köln siegt – aber Overath verliert am Ende doch

»Toni« Schumacher ist machtlos. Herthaner Lorenz Horr (r.) erzielt aus spitzem Winkel den Ausgleich.

Das Finale zwischen dem 1. FC Köln und Hertha BSC war das längste in der Geschichte des DFB-Pokals. Genau zweihundertzehn Minuten dauerte dieses dramatische Duell zwischen den beiden Mannschaften. Was kann man alles in dreieinhalb Stunden machen? Man kann mit dem Auto von Hamburg nach Düsseldorf fahren, mit dem Flugzeug nach Athen reisen oder gemütlich ein Abendessen genießen.

Aber an diesem Pfingstwochenende brauchten Kölner und Berliner Fußball-Profis genau diese Zeit, um einen Sieger auszuspielen. Die Partie wurde überschattet vom Dauerzwist zwischen Kölns Trainer Weisweiler und seinem Regisseur Wolfgang Overath.

Der Kölner Coach hatte schon traditionell Probleme mit Starkickern in seiner Mannschaft. Unvergessen war der Ärger zwischen ihm und dem genialen und wilden Mittelfeldstrategen Günter Netzer in Mönchengladbach. Höhepunkt dieses Streits war das Pokalfinale im Jahr 1973 gegen den rheinischen Rivalen aus Köln gewesen. Schon vor der Partie war bekannt, dass der Blondschopf zum Weltklub Real Madrid wechseln würde. Bei seinem »Abschiedsspiel« ließ der dickköpfige Trainer Netzer 90 Minuten auf der Bank schmoren. Erst durch Eigeninitiative wechselte sich Netzer in der Verlängerung quasi selbst ins Spiel ein und erzielte das Siegtor zum 2:1.

In Spanien hatte sich Weisweiler mit dem holländischen Superfußballer Cruyff mehr als einmal in den Haaren. Der Holländer beanspruchte die absolute Macht im sportlichen Bereich. Weisweiler ließ sich nicht von der berühmtesten »Nr. 14« der Welt ausbooten. Der Eklat wurde am Ende auf der Vorstandsebene des Klubs ausgefochten.

Und nun die Dauerfehde mit Wolfgang Overath. Im November des Vorjahres kam es zum offenen Krieg. Beim UEFA-Cup-Auswärtsspiel in Zürich gegen die Grasshoppers (3:2) schoss der Meistermacher gegen den Fußballweltmeister von 1974.

»Das Problem Overath muss bis Jahresende vom Tisch sein. Mit Wolfgang werden wir niemals den Titel gewinnen«, sagte Weisweiler. Der Startschuss für die Schlammschlacht war gefallen. Monatelang sollte dieser Ärger Dauerthema im deutschen Fußball sein.

Sogar der Vorstand des 1. FC Köln wurde durch den Machtkampf gespalten. Präsident Weiand stärkte Overath den Rücken. Seine Kollegen, Schatzmeister Hartmann und Geschäftsführer Thielen, waren auf der Seite des Fußballlehrers.

Die Stimmung war nicht immer so vergiftet gewesen. Als Weisweiler im Sommer 1976 zum FC kam, versuchten beide, gut miteinander auszukommen. »Der Wolfgang und ich – wir werden gemein-

Der Endstand, der nach den damaligen DFB-Regeln eine Wiederholung erforderte.

sam Erfolg haben«, hatte Weisweiler angekündigt. Overath gab brav als Antwort zurück: »Mit Weisweiler können wir Deutscher Meister werden.«

Doch schnell sind nette Worte nur noch in den Archiven nachzulesen. Pleiten in der Bundesliga verderben eine friedliche und gute Zusammenarbeit.

Eine peinliche 2:3-Niederlage bei Tennis Borussia Berlin, ein ernüchterndes 1:4 in München gegen Bayern – der 1. FC Köln im freien Fall. Weisweiler hatte schnell seinen Sündenbock gefunden: »Overath hemmt den Spielfluss. Die Zeit der großen Dirigenten ist endgültig vorbei.« Die Kölner Lichtgestalt reagierte genervt: »Der Mann steht wie ein Schatten hinter mir. Ich spiele mit Hemmungen.«

Dann machte sogar der Trainer-Magier erstmals Fehler. Er wechselte bei Eintracht Frankfurt (0:4) mit dem Belgier van Gool den dritten Ausländer ein, was damals verboten war. Ganz Fußball-Deutschland lachte über Weisweiler, und Overath goss noch Öl ins Feuer: »Bin ich dafür auch noch verantwortlich?«

Zum Wohle des Vereins wurde ein Waffenstillstand vereinbart, und sogar im Pokalfinale durfte Overath nun auflaufen. Weisweiler scheinbar großzügig: »Ich gebe Wolfgang die große Chance.«

Die Entscheidung: Berlins Torhüter Norbert Nigbur ist ebenso geschlagen wie Hertha-Verteidiger Holger Brück (Mitte). Dieter Müllers Kopfball kann auch der Kölner Herbert Zimmermann, am Boden ganz in Weiß, nur hinterher schauen.

Am 28. Mai waren die Rheinländer die großen Favoriten. Die Hertha dagegen war als erster Berliner Klub überhaupt in einem Pokalendspiel. Von Beginn an war Köln offensichtlich überlegen, doch die Berliner schockierten die siegessicheren Westdeutschen immer wieder mit geschickten und gefährlichen Kontern.

Hätte Gerd Strack nicht zwei gute Möglichkeiten leichtfertig vergeben, vielleicht wäre das Spiel schnell entschieden gewesen. Aber der Kölner Verteidiger kam in der 35. und in der 43. Minute nicht an Herthas Schlussmann Norbert Nigbur vorbei.

Zwei Minuten davor war Berlins Stürmer Granitza durch den Strafraum geflogen, doch sein Kopfball war nur an die Querlatte geklatscht. Mehr Glück hatte Dieter Müller, der Torschützenkönig dieser Saison mit 34 Treffern, Sekunden vor dem Pausenpfiff. Konopka hatte gefühlvoll vor das Hertha-Tor geflankt, Müller schraubte sich in den Ball und erzielte die Führung für den Favoriten. Fünf Minuten nach dem Wiederanpfiff hätte Müller mit seinem

Enttäuschte Herthaner, v.l.: Jörgen Christensen, Bernd Gersdorff und Uwe Kliemann

zweiten Tor alles klar machen können, doch Nigbur war schneller und vereitelte die große Chance.

Die Berliner schlugen wütend zurück und hatten durch einen Freistoß von Erich Beer in der 64. Minute eine gute Möglichkeit zum Ausgleich. Fast alle verpassten den Ball, nur Hertha-Stürmer Horr nicht. Der 35-jährige Oldie köpfte zum 1:1 und ließ Kölns Torwart Toni Schumacher ohne Chance. Für Herthas Coach Georg Kessler eine ganz besondere Freude, da er nach dem Finale zu Wacker Innsbruck wechselte und sich nur zu gerne mit einer Trophäe in Berlin verabschieden wollte.

Sieben Minuten vor dem Abpfiff der regulären Spielzeit hätte Herthas Joker Bernd Gersdorff wiederum alles klar machen können. Aber auch er scheiterte, und das Spiel ging in die Verlängerung.

Jetzt hatte Weisweiler keine Geduld mehr mit dem in der zweiten Halbzeit sehr schwach spielenden Overath und nahm ihn aus der Partie. Doch es sollte an diesem Tag keine Entscheidung geben, weil beide Teams beste Möglichkeiten ausließen. Einmal Dieter Müller und dreimal Gersdorff vergaben hoch karätige Chancen. Und als in den letzten fünf Minuten erst Hertha (116.) und dann auch noch der 1. FC Köln (117.) einen Elfmeter verschoss, war klar, dass die Entscheidung erstmals in einem Wiederholungsspiel fallen musste. Diesmal machte Weisweiler im Dauerstreit mit Overath kurzen Prozess und verzichtete ganz auf den Spielermacher.

Nach einer Stunde überschlugen sich die Ereignisse. Schiedsrichter Ohmsen aus Hamburg gab ein Tor für Berlin von Erich Beer nicht. Er hatte ein Foul des Torschützen am Kölner Heinz Simmet gesehen. Beer später erbost: »Das war klarer Betrug.«

Zwei Minuten später riss Gerd Strack den durchgebrochenen Granitza einfach im Strafraum um, und diesmal blieb die Pfeife stumm.

Dann aber fiel doch die Entscheidung durch den Mann mit der scheinbar eingebauten Torgarantie: Dieter Müller köpfte wie schon im ersten Pokalfinale zwei Tage zuvor eine Konopka-Flanke ins Tor.

Der Torschütze und sein Trainer, Dieter Müller und Hennes Weisweiler

Das Siegerfoto nach 180 Spielminuten; Heinz Flohe mit Pokal

Die erfolgreichsten Torschützen der Pokal-Saison 1976/77

1.	Dieter Müller	(1. FC Köln) 14
2.	Gerd Müller	(FC Bayern München) 11
3.	Mattsson	(Fortuna Düsseldorf/Bayer 04 Uerdingen) 7
4.	Ehrhart	(Arminia Bielefeld) 6
	Nordmann	(VfL Osnabrück) 6
	Kostedde	(Borussia Dortmund) 6
7.	Worm	(MSV Duisburg) 5
	Walitza	(1. FC Nürnberg) 5
	Röber	(SV Werder Bremen) 5
	Arnold	(Hassia Bingen) 5

Ein Tor, das den 1. FC Köln zum zweiten Mal zum Pokalsieger machte.

Doch dieser Triumph konnte Overath über die Herabsetzung nicht hinwegtrösten. Weisweiler konnte sich rühmen, dass er mit diesem Schachzug den Erfolg für den 1. FC Köln eingefahren hatte.

Der grantelnde Trainer hatte das Duell mit seinem Spielmacher am Ende doch noch für sich entschieden. Overath aber war untröstlich. Einer der größten Spieler in der Geschichte des Kölner Traditionsvereins erlebte in seinem Abschiedsspiel die bitterste Stunde seiner Karriere. Als die Kollegen überschwänglich den 1:0-Erfolg über Hertha BSC feierten, stand er einsam und allein am Spielfeldrand. Manager Thielen bat den Regisseur, mit auf das Mannschaftsbild zu kommen. Doch die letzten Monate hatten Overath so sehr zugesetzt, dass er selbst darauf verzichtete. So wurde es für den früheren Nationalspieler ein einsamer Abschied nach so vielen Jahren für seinen FC.

23. Juni 1979

Fortuna Düsseldorf – Hertha BSC Berlin 1:0

Dank Seel steht Fortuna jetzt auch für Glück

Warum heißt unser Verein eigentlich Fortuna?« Diese Frage stellten sich die Düsseldorfer Anhänger immer wieder, wenn ihr Klub im Pokal antrat. Denn sie hatten bislang nie das Glück ihrer Namenpatronin für sich in Anspruch nehmen können. Nicht weniger als fünfmal stand die Mannschaft in einem deutschen Pokalendspiel, und trotzdem konnte sie noch nie die Trophäe mit in die rheinische Landeshauptstadt holen.

Der Pokal und die Fortuna – eine unerwiderte Liebe bis zu diesem 23. Juni 1979. Die Düsseldorfer Fans, die genau hinschauten, mussten schon eine Vorahnung haben, denn in dieser Spielzeit hatten die Fortunen endlich auch einmal Glück. Zunächst beim Los der Pokalbegegnungen. Außer dem Achtelfinale beim MSV Duisburg (1:0) wurden Düsseldorf nur Heimspiele zugelost, nur Zweitligisten und im Halbfinale der Bundesliga-Absteiger 1. FC Nürnberg, den die Düsseldorfer mit 4:1 in der Verlängerung bezwingen konnten.

Nun also musste man sich anderen Bedingungen stellen: auswärts im Hannoveraner Niedersachsenstadion und mit Hertha BSC ein namhafter Bundesligist als Gegner. Mit viel Pech waren die Berliner ein paar Wochen zuvor im Halbfinale des UEFA-Pokals ausgeschieden, als ihnen gegen die Jugoslawen von Roter Stern Belgrad (2:1; 0:1) nur ein einziges Tor zum Einzug ins Finale fehlte. Doch in der Bundesliga hatten sie den Sturz in die Zweitklassigkeit erst in den letzten beiden Saisonspielen vermeiden können.

Wolfgang Seel mit dem Pott für die Fortuna (Horstmüller)

Auch auf Seiten der Düsseldorfer war die Stimmung nicht gut, musste Trainer Otto Rehhagel doch auf zwei seiner Stammspieler

verzichten. Ausgerechnet die Abwehrasse Gerd Zimmermann und Dieter Brei, Mitte der achtziger Jahre selbst Bundesligatrainer bei der Fortuna, fehlten.

Wohl deshalb starteten die Düsseldorfer gehemmt, fast übervorsichtig, als befürchteten sie, das Unheil könne wieder auf sie einbrechen. Aber auch Hertha BSC begann pomadig und hatte erst nach zehn Minuten eine Chance, als Stürmer Jürgen Milewski plötzlich freistehend an den Ball kam. Der Schuss ging aber am Kasten von Jörg Daniel vorbei.

Große Aufregung dann vier Minuten später, als Kliemann und Rasmussen Klaus Allofs im Strafraum in die »Zange« nahmen und der Düsseldorfer zu Boden ging. Nahezu alle 60 000 Zuschauer auf den Rängen waren sich einig, dass diese Aktion nur mit einem Strafstoß geahndet werden konnte, doch Schiedsrichter Linn pfiff nicht.

In der zweiten Halbzeit flachte das Spiel ab, auch wenn Hertha nach 57 Minuten eigentlich in Führung hätte gehen müssen. Ein schöner Pass von Weiner auf den schnellen Milewski, doch die Nerven des kleinen Stürmers versagten wieder, als er vor sich Torhüter Daniel auftauchen sah. Nicht viel besser machten es allerdings auf der anderen Seite die Fortunen vor dem Berliner Tor, wo Gerd Zewe und Klaus Allofs freistehend die Kugel nicht über die Linie brachten.

Noch einmal hatte Berlin durch Weiner eine gute Möglichkeit, doch als auch im Gegenzug Zewe an Nigbur scheiterte, war die Verlängerung dieses Pokalfinals perfekt.

Es geschieht in der 116. Minute. Das schwüle Wetter hat die Spieler total ausgelaugt, einige haben sogar Mühe, noch die nötigsten Schritte zu laufen. Nicht wenige Zuschauer machen sich schon auf den Weg, um nicht in den Abfahrtstau zu geraten. Die Zeugwarte der Klubs räumen bereits die Utensilien auf der Ersatzbank zusammen, und auch die Profis von Düsseldorf und Hertha scheinen sich mit dem torlosen Remis und einem Wiederholungsspiel am übernächsten Tag in Hannover abgefunden zu haben.

Dann aber passiert doch noch, worauf ein Großteil der Zuschauer an diesem Tag gewartet hat. Herthas Keeper Norbert Nigbur muss aus seinem Tor herauslaufen, um dem vor ihm auftauchenden Düsseldorfer Egon Köhnen den Ball abzunehmen. Das gelingt dem Ex-Schalker meisterlich, und der Torhüter schlägt die Kugel weit ins Feld zurück. Doch erneut hat die Fortuna den Ball, diesmal ist Berlins Abwehrchef Uwe Kliemann zur Stelle und soll den Ball absichern.

Kurz vor Schluss darf natürlich nichts mehr passieren, denkt sich der lange Verteidiger und spielt das Leder zu seinem Torwart zurück. Darauf hat Wolfgang Seel nur gelauert. Der flinke Düsseldorfer Außenstürmer sprintet in die Laufbahn des Passes und erwischt die Kugel vor dem Hertha-Schlussmann, auch wenn er dabei immer weiter nach außen getragen wird.

Seels Siegtreffer in der 116. Minute: aus spitzem Winkel verwertet er eine Rückgabe von Uwe Kliemann (Mitte); links Norbert Nigbur (Horstmüller)

Doch die nun folgende Einzelleistung war für sich schon das Eintrittsgeld wert und bedeutete für Düsseldorf nach fünf verlorenen Finalspielen endlich eine Sternstunde der besonderen Art. Aus ganz spitzem Winkel zirkelte Seel den Ball über den verdutzten Nigbur

Bundestrainer Jupp Derwall gratuliert, v.l.: Rudi Bommer, Egon Köhnen, Klaus Allofs und Gerd Zewe

Die Brüder Thomas und Klaus Allofs nach getanem Tagwerk mit dem verdienten Lohn (Horstmüller)

mit einem angeschnittenen Schuss die lange Ecke. Endlich hatten es die Fortunen geschafft und 46 Jahre nach ihrem einzigen Meistertitel eine weitere Trophäe gewonnen. Die Schmach von fünf Finalpleiten in Folge war fast ausgelöscht, besonders aber auch der Frust nach der 0:2-Niederlage im Finale gegen Köln im Vorjahr, die die meisten Spieler miterlebt hatten.

Auf der Tribüne lächelte ein älterer Herr still und leise in sich hinein. Das Düsseldorfer Fußballdenkmal Paul Janes freute sich über den Erfolg seiner »Enkel«: »Ich bin stolz auf meine Fortunen. Endlich haben sie diesen Pokal gewonnen. Es schien ja schon wie verhext zu sein.«

Der glückliche Wolfgang Seel konnte nach dem Schlusspfiff die Tränen nicht mehr zurückhalten: »Ich habe nicht mehr daran gedacht, dass ich mit 31 Jahren noch einmal ein solches Spiel entscheiden würde.«

Währenddessen weinte auch der Unglücksrabe Uwe Kliemann: »Ich werde noch Monate über zwei Dinge grübeln. Warum habe ich den Ball nicht ein wenig schärfer zu Norbert zurückgespielt. Oder ihn einfach auf die Tribüne geschossen?«

Der Erfolg am 23. Juni 1979 konnte über die vergebene Jahrhundertchance fünf Wochen zuvor nicht hinwegtrösten. Da standen die Düsseldorfer im Europapokalfinale der Pokalsieger in Basel, obwohl sie das Pokalfinale gegen Köln 1978 verloren hatten (der FC war aber auch Meister geworden und spielte daher im Europapokal der Landesmeister). Dem Starensemble aus Barcelona lieferte die Fortuna einen spannenden und leidenschaftlichen Schlagabtausch, der ihr bei Millionen von Fernsehzuschauern in ganz Europa große Sympathien einbrachte.

Nach Beendigung der regulären Spielzeit hatte es 2:2 durch die Tore von Seel und Klaus Allofs gestanden. Aber in der Verlängerung setzte sich die Klasse der Katalonen durch, und sie gewannen den Pokal glücklich mit 4:3. Hatten die Düsseldorfer damals noch geweint, die große Chance auf den zweiten Titel ihrer Vereinsgeschichte verpasst zu haben, stand nun mit dem Pokal endlich eine weitere Trophäe in der Vitrine am Flinger Broich.

Fortuna lange ohne Glück

Gleich fünfmal standen die Düsseldorfer Fortunen vor dem Sieg 1979 im Pokalendspiel, doch jedes Mal gab es eine unglückliche und knappe Niederlage.

1. 1937:
Fortuna, zwar besser, unterliegt Schalke 04 mit 1:2.
2. 1957:
Bayern schlägt Düsseldorf glücklich mit 1:0.
3. 1958:
Düsseldorf verliert unglücklich mit 3:4 nach Verlängerung gegen den VfB Stuttgart.
4. 1962:
Und wieder verliert Fortuna in der Verlängerung – diesmal mit 1:2 gegen den 1. FC Nürnberg.
5. 1978:
Gegen den rheinischen Rivalen aus Köln zieht Düsseldorf mit 0:2 den Kürzeren.

Am Ball Klaus Allofs, verfolgt von Jürgen Glowacz; im Hintergrund Gerd Zewe (Horstmüller)

Kölns flinker Pierre Littbarski tänzelt zwischen Sepp Weikl (hinten) und Heiner Baltes hindurch. (Horstmüller)

4. Juni 1980

Fortuna Düsseldorf - 1. FC Köln 2:1

Nur mit den Trikots hatte Fortuna Probleme ...

Düsseldorf und Köln. Keine 50 Kilometer liegen die beiden Metropolen voneinander entfernt. Was für den vorbeifahrenden Reisenden nur ein paar Minuten bedeutet, ist für die Bewohner der beiden Städte am Rhein eine kleine Weltreise.

Denn die Rivalität zwischen der Landeshauptstadt und Köln ist jahrzehntelang gewachsen und wird auch heute von beiden Seiten gepflegt. Sportlich gesehen war das nie anders, besonders natürlich im Fußball, wo sich der FC und die Fortuna jahrelang erbitterte Duelle in der Bundesliga lieferten. Das wohl größte Spiel zwischen den beiden verfeindeten Teams fand im Jahr 1980 im Endspiel um den DFB-Pokal statt. Am 4. Juni war es zum zweiten Mal in kurzer Zeit zum Aufeinandertreffen im Finale gekommen. Und weil die Kölner 1978 durch Tore von Cullmann und Roger van Gool das Double geholt hatten, schwor die Fortuna nun Rache.

Allerdings waren die Vorzeichen alles andere als rosig, hatte der FC doch in der angelaufenen Bundesligasaison lange Zeit um die Meisterschaft mitgespielt und wurde erst im Schlussspurt von Bayern München, dem HSV, Stuttgart und Kaiserslautern abgefangen. Köln gehörte auch 1980 zu den echten Spitzenmannschaften der Bundesliga.

Ganz anders die Situation der Fortuna, die im Bundesligatabellenkeller um das Überleben kämpfte. Der Verein steckte während der gesamten Saison im Existenzkampf und rettete sich erst an den letzten beiden Spieltagen mit Siegen gegen Hertha BSC (4:0) und Duisburg (2:0) vor dem drohenden Abstieg in die Zweitklassigkeit.

Dabei wurde besonders eine Person in Düsseldorf gefeiert: Trainer Otto Rehhagel. Der damals junge und dynamische Fußballlehrer hatte seinen Kollegen Tippenhauer am 12. Oktober 1979 erfolgreich »beerbt« und der Fortuna wieder Leben eingehaucht. Die Mannschaft war dem Trainer-Zampano sehr dankbar und versprach: »Otto, ohne Sie hätten wir niemals die Bundesliga-Zugehörigkeit gesichert. Jetzt werden wir uns mit dem Pokalsieg bei Ihnen revanchieren.«

Schon vor dem Anpfiff hatte Düsseldorf einen Cup-Rekord eingestellt, denn der Titelverteidiger stand zum dritten Mal in Folge in einem Endspiel und hatte damit Schalkes Dreifachauftritt aus den Jahren 1935 bis 1937 egalisiert.

Doch Coach Rehhagel drückten große Sorgen, da seine Stammverteidiger Dieter Brei und Gerd Zimmermann nun schon seit rund einem Jahr fehlten und auch in diesem Finale nicht fit waren. Im legendären Pokalsiegerendspiel in Basel zerfetzten sich die beiden Fortunen gegen Barcelona (3:4 nach Verlängerung) die Kreuzbänder und fielen für die gesamte Spielzeit 1979/80 aus. Aber es war für die Düsseldorfer noch schlimmer gekommen, weil sich Mitte Dezember auch noch Mittelfeldspieler Hubert Schmitz das Schienbein gebrochen hatte und im März Torwart Horst Dreher mit der gleichen Verletzung ausgefallen war. Rehhagel: »Als wäre das noch nicht schon schlimm genug gewesen, fiel mir auch noch während der Saison für acht Wochen mit Klaus Allofs mein bester Stürmer aus. Wir waren nicht gerade vom Glück verfolgt.«

Bevor das Spiel an diesem Samstagnachmittag von Schiedsrichter Aldinger angepfiffen wurde, war in der Düsseldorfer Kabine aber aus anderem Grunde leichte Panik ausgebrochen. Die neuen Fortuna-Trikots passten einfach nicht. Dabei hatte sich der Ausrüster noch für die besondere Luftdurchlässigkeit gerühmt, aber davon merkten die Profis nicht viel, weil ein Großteil der Hemden zu eng geschnitten war. So passte mancher Fortune nur mit Mühe in seinen eigenen Dress, bei einigen musste sogar mit der Schere nachgeholfen werden. »In den engen Dingern war es kaum auszuhalten. Wir sahen aus wie zu heiß gewaschen ...«, tobte Kapitän Gerd Zewe.

Einmalig: Otto Rehhagel rettet die Fortuna vor dem Abstieg und schafft mit der Mannschaft zugleich den Pokalsieg. (Horstmüller)

Das DFB-Pokalfinale im Gelsenkirchener Parkstadion begann ganz anders, als es sich die 70 000 Zuschauer erhofft hatten. Denn aufgrund der vielen Wortgefechte aus beiden Lagern im Vorfeld glaubten viele an einen stürmischen, spannenden Beginn. Doch der Start war von viel Respekt, fast von Angst geprägt, und die Finalisten belauerten sich taxierend wie zwei Schwergewichtler im Boxring.

Angriffe wie der des Düsseldorfers Rudi Bommer, der in der achten Minute gefährlich vor dem Kölner Tor auftaucht, sind die Seltenheit. Doch auch die wenigen Chancen können nicht verdecken, dass die Kölner viel zu behäbig ins Spiel gegangen sind und sich nun über den eigentlich schwächer eingestuften Gegner wundern, der mehr Ballkontakte hat und das Spiel mit zunehmender Dauer kontrolliert. Erst Dieter Müller hat nach einer Viertelstunde die erste nennenswerte Torgelegenheit, aber der Winkel ist für den Kölner Angreifer zu spitz.

Dann scheint alles wieder wie immer zu laufen. Denn wie vor zwei Jahren, als auch die Fortuna das Spiel machte und durch attraktiven Kombinationsfußball begeisterte, geht erneut der FC mit 1:0 in Führung. Und wieder, wie damals im Finale von 1978, ist der Kölner Bernd Cullmann (26.) der erste Torschütze dieses rheinischen Finalduells, nachdem er von Herbert Zimmermann angespielt worden ist und die Kugel raus auf die rechte Seite zu Dieter Müller weitergegeben hat. Dieser gewinnt zum allerersten Mal an diesem Tag das Dribbling gegen seinen Manndecker Heiner Baltes. Die folgende, scharfe Flanke in den Strafraum versenkt Cullmann zur Führung der Kölner im Tor.

Fortuna war geschockt, doch in den restlichen Minuten bis zur Pause versäumten es die »Geisböcke«, die Verwirrung in der Düsseldorfer Abwehr zu weiteren Toren zu nutzen.

Dann war Pause, und es wurde Zeit für Düsseldorfs Trainer Otto Rehhagel, seine besonderen Stärken auszuspielen. Mit markigen Sprüchen motivierte der Coach seine Kicker: »Ihr seid die bessere Mannschaft. Lasst Euch nicht die Butter vom Brot nehmen. Hier geht es um die Ehre – auch die einer ganzen Stadt.«

Worte, die ihre Wirkung nicht verfehlen sollten. Denn als die Par-

Der Cup-Spezialist

Klaus Allofs war bei seinem Wechsel 1981 von Fortuna Düsseldorf zum 1. FC Köln mit 2,25 Millionen Mark der damals teuerste Transfer der Bundesligageschichte. Aber auch sportlich hat Allofs herausragende Dinge geleistet, ist er doch ein echter Cup-Spezialist.
Mit allen Klubs, in denen Allofs in der Bundesliga spielte, gewann er auch den DFB-Pokal: mit Düsseldorf 1979, dem 1. FC Köln 1983 und mit Werder Bremen im Jahr 1991.
Aber der Lebenslauf des am 5. Dezember 1956 geborenen Klaus Allofs hat noch andere »Geheimnisse« zu bieten: Schon 1975 war er Gründer und Mitbesitzer des Pferderennstalls »Gerricus«. Sein Bundesligadebüt für Fortuna Düsseldorf hatte er gegen Eintracht Braunschweig, in der deutschen Nationalmannschaft am 11. Oktober 1978 beim 4:3 gegen die CSSR (4:3). Dort schoss er am 12. September 1979 sein erstes Tor beim 2:1 gegen Argentinien.
1980 wurde er zum zweiten Mal mit Düsseldorf DFB-Pokalsieger und auch noch Europameister.
1983 wieder der DFB-Pokal, diesmal mit dem 1. FC Köln gegen Fortuna Köln (1:0), für den er 1986 sein 150. Bundesligator erzielte.
1987 wurde Allofs sogar Kapitän der Nationalmannschaft, wechselte vom 1. FC Köln zu Olympique Marseille, wurde 1989 Französischer Meister und natürlich auch wieder Pokalsieger. Nach kurzem Abstecher – 1989 war er zu Girondins Bordeaux gewechselt – kam er 1990 nach Bremen und gewann 1991 wieder den Pokal. Die Krönung folgte 1992, als er den entscheidenden Treffer zum 2:0-Sieg des SV Werder im Europapokal der Pokalsieger gegen den AS Monaco schoss. Zum Abschluss seiner großen Karriere wurde Allofs 1993 auch noch Deutscher Meister. 1995 gründete er die Sport-Consulting GmbH, übernahm in Düsseldorf und Köln zwei Annahmestellen für Galoppwetten und war als Co-Kommentator bei der Fußball-WM in Frankreich für das ZDF unterwegs.
Dann holte ihn der Fußball ganz zurück: 1998-99 als Cheftrainer seines Heimatvereins Fortuna Düsseldorf in der Zweiten Liga, dann wechselte er 1999 als Teammanager und sportlicher Direktor zu Werder Bremen.

tie wieder angepfiffen wurde, präsentierte sich die Fortuna wie ausgewechselt. In den Augen der Spieler war der Siegeswille erkennbar, jeder Spieler kämpfte um jeden Ball. Mit viel Einsatz kauften sie den Kölner den Schneid und die Selbstsicherheit ab.

Gerd Zewe hätte fast den Ausgleich (55.) erzielt, doch Nationaltorhüter Toni Schumacher parierte den Schuss.

Vier Minuten später war er dann chancenlos, als Klaus Allofs gleich drei Kölner wie Verkehrshütchen auf dem Trainingsplatz stehen ließ, geschickt und genau auf seinen Sturmpartner Rüdiger Wenzel passte und der ehemalige Lübecker den Ball trickreich an Schumacher vorbei zum 1:1 ins Netz schob.

Jetzt spürten die Fortunen, dass an diesem Nachmittag mehr als wieder einmal nur die lobenden Worte für großen Kampf zu holen sein würden. Und anders als die Kölner in der ersten Halbzeit legten die Düsseldorfer nach dem Treffer nach, was bereits in der 65. Minute mit der Vorentscheidung belohnt wurde, als Zewe auf Bommer spielte, der genau auf Thomas Allofs flankte. Der kleinere der Allofs-Brüder Toni Schumacher ließ keine Chance.

Gruppenbild mit Pott: dreimalige Teilnahme am Pokalfinale in Folge mit dem zweiten Sieg beendet

Innerhalb von nur sechs Minuten hatten die Allofs-Brüder den 1. FC Köln quasi im Alleingang geschlagen. Vielleicht hatten die beiden mit diesem Auftritt den rheinischen Rivalen so sehr beein-

druckt oder es war doch, wie von eingefleischten Düsseldorfer Fans vermutet, nur der Versuch, den Rivalen zu schwächen. Jedenfalls holte der FC Klaus Allofs 1981 für eine Rekordablöse rheinabwärts. Sein Bruder Thomas kam 1986 dazu, und beide spielten noch ein Jahr gemeinsam in der Domstadt.

Am Nachmittag des 4. Juni aber standen beide noch auf der anderen Seite. So setzten die Kölner nach dem Rückstand auf einen anderen Stürmer, den Japaner Okudera. Doch nur noch einmal sollte das Düsseldorfer Tor in Gefahr geraten, als Kölns großer Star Bernd Schuster mit einem Freistoß nur eine Handbreit sein Ziel verfehlte.

Dem Favoriten und dreifachen Pokalsieger lief die Zeit davon, wobei die Fortuna fast noch das deutliche 3:1 geschafft hätte, aber Rudi Bommer hob den Ball nicht nur gefühlvoll über Schumacher, sondern auch noch über das Kölner Tor hinweg.

Als keiner mehr auf den Rängen an eine Verlängerung dachte, tauchte plötzlich doch noch einmal Bernd Cullmann frei vor dem Düsseldorfer Tor auf und hatte alle Zeit der Welt, sich die richtige Ecke auszusuchen. Doch auch wenn der Großteil der Kölner Anhänger schon die Arme vor Freude in die Höhe riss, stand da auch noch Düsseldorfs Torwart Jörg Daniel, der mit einer Reflexabwehr diese letzte Möglichkeit vereitelte. Als endlich Schluss war, kannte der Jubel keine Grenzen mehr. Auch die »neutralen« Zuschauer waren sich sicher, dass die richtige Mannschaft gewonnen hatte.

Die Revanche für die unglückliche Pleite zwei Jahre zuvor war geglückt. So wurde es für die Fortuna nach dem gelungenen Klassenerhalt doch noch eine erfolgreiche Saison.

Ein Spieler sollte im Sommer noch einen größeren Erfolg feiern. Klaus Allofs gewann nicht nur mit Deutschland den Europameistertitel in Rom, der Düsseldorfer wurde sogar Torschützenkönig des gesamten Turniers, wobei seine drei Treffer beim 3:2-Vorrundensieg gegen die Niederlande dafür ausreichten.

FC Bayern München – 1. FC Nürnberg 4:2

»Turban-Hoeneß« oder Die Geschichte eines ganz besonderen Pokalhelden

Dieter Hoeneß wird verarztet.

Die Platzwunde zog sich über die ganze Stirn. Mit zwei Rollen Mullbinde im Wert von 3,89 Mark war sie verbunden worden. Doch die Augen, die darunter zum Vorschein kamen, strahlten. Sie gehörten dem Held dieses Pokalendspiels 1982.

Es war eine Sternstunde im Leben des Dieter Hoeneß, und spätestens seit diesem Tag hatte der Mittelstürmer des FC Bayern Worten wie Kampfkraft und Härte gegen sich selbst eine ganz neue Bedeutung gegeben. »Nicht Breitner oder unserem Trainer Csernai will ich zuerst gratulieren, sondern unserem Mittelstürmer«, jubelte Bayerns Präsident Willi O. Hoffmann oben auf der Tribüne des Stadions. Und mit einem Schmunzeln fügte er hinzu: »Dieter hat sich für seinen Einsatz heute eigentlich das Eiserne Kreuz verdient.«

Alles hatte in der 13. Minute begonnen, als der bullige Stürmer der Münchner im Duell mit dem ebenfalls knallharten Manndecker Reinhardt so unglücklich zusammenprallte, dass er sich die angesprochene Risswunde auf der Stirn zuzog. Provisorisch legte ihm Bayern-Arzt Dr. Müller-Wohlfahrt an der Seitenlinie einen Kopfverband an. Doch dieser weiße »Turban« war schon nach wenigen Minuten blutdurchtränkt und leuchtete wie ein rotes Signallicht. »Eigentlich wollte ich mich auswechseln lassen. Mir wurde immer wieder schwarz vor Augen«, erzählt der Münchner heute. »Doch als unser Verteidiger Beierlorzer mit einem Achillessehnenriss vom Platz musste, habe ich einfach die Zähne zusammengebissen.«

In der Halbzeit wurde er von den Bayern bekniet, noch ein paar Minuten durchzuhalten. Sein Bruder Uli, schon damals Manager

der Bayern, versuchte, auf ihn einzureden: »Dieter, Du darfst Dich jetzt nicht auswechseln lassen. Wir brauchen Dich da vorn im Sturm ganz dringend.« Auch Trainer Csernai überzeugte seinen Torjäger: »Dieter, versuch Dich durchzubeißen. Die ganze Truppe baut auf Dich.«

Doch bevor Dieter wieder auflief, musste der Bayern-Arzt mit Nadel und Faden die Wunde mit drei Stichen ohne jede Betäubung zusammennähen. »Ich hab das gar nicht gespürt. Ich wollte einfach nur den Pott gewinnen«, erinnert sich der heutige Hertha-Manager. Auf eine Betäubung musste auch deshalb verzichtet werden, weil Hoeneß sonst in keinem Fall die zweite Halbzeit dieses Pokalfinales gegen den 1. FC Nürnberg hätte fortsetzen können.

Der 1. Mai 1982 war eigentlich ein unglücklicher Termin für ein großes Fußballfest gewesen. Denn angesichts der Mai-Kundgebun-

Nürnbergs Werner Dressel stürmt zum 0:2 an Bayern-Keeper Manfred Müller vorbei.

gen schien beim Aufmarsch der Anhänger zweier Fußballvereine in Frankfurt das Chaos schon vorprogrammiert. Besonders weil dieses Endspiel die Erzfeinde aus München und Nürnberg zusammenführte. Bayern und Franken begegneten sich schon immer mit einer gewissen Hassliebe.

Die aufgestaute Atmosphäre entlud sich schon am Morgen, als die ersten Schägereien in der Innenstadt der hessischen Metropole begannen und sich die rivalisierenden Lager sogar mit Leuchtraketen bekämpften. Aus einem Sonderzug flogen massenweise Bierflaschen, Polizeiwagen wurden sogar mit Pflastersteinen bombardiert. Die Straßenkämpfe weiteten sich auf das Frankfurter Bankenviertel aus, und später mischten sich einige Gewalttäter in eine Gewerkschaftskundgebung am Römer, stifteten Unruhe und rissen Transparente herunter. Nur mit Hilfe von Wasserwerfern, Tränengas und Schlagstöcken konnten die Fangruppen getrennt werden.

Brisant war auch die sportliche Ausgangslage für die beiden so unterschiedlichen süddeutschen Klubs. Der FC Bayern hatte sich als Ziel das Tripple gesetzt, wollte also nach dem Gewinn des Pokals noch Meisterschaft und Europacup holen. Erst später stellte sich heraus, dass der Pokal in dieser Saison die einzige Trophäe sein würde, die in den Vitrinen in der Geschäftsstelle an der Säbener Straße landen sollte.

Die Deutsche Meisterschaft war eigentlich schon eine Woche zuvor im Duell gegen den Hamburger SV verloren worden, als die Bayern trotz 3:1-Führung durch Horsmann und Hoeneß (2x) gegen den nie aufsteckenden HSV in einer atemberaubenden Schlussphase noch durch die Treffer von von Heesen und Hrubesch (2x) mit 3:4 verloren. Auch das Finale in Rotterdam wurde zum Fiasko, denn die Bayern hatten fast 90 Minuten lang den englischen Meister Aston Villa nach Belieben dominiert, waren dann aber durch den einzigen echten Angriff der Mannschaft aus Birmingham um die silberfarbene Trophäe gebracht worden.

Die Nürnberger hatten ganz andere Sorgen und Wünsche. Sie kämpften verzweifelt um den Verbleib in der Elite-Liga und wollten sich mit einem Sieg in Frankfurt einen Motivationsschub für die rest-

Ärger um den Elfer

Es war der Pfiff, der wohl das ganze Spiel entschied. In der 74. Minute hatte Schiedsrichter Hennig Strafstoß für die Bayern gegeben. Nürnbergs Stocker und der Münchner Kraus waren in einen Zweikampf verwickelt gewesen. Dann fiel Kraus plötzlich, und Millionen Fußballfans fragten sich, ob es nun Foul oder Schauspielerei war.
Denn sogar die Fernsehbilder gaben keinen Aufschluss.
Die Meinung der Beteiligten ging naturgemäß stark auseinander: »Dieser Flieger, ich habe ihn gar nicht berührt«, tobte Stocker. Kontrahent Kraus wehrte sich: »Ich spürte einen Schlag, weiß aber nicht, von wem. Dann fiel ich.«
Die Nürnberger stürzten sich anschließend auf den Unparteiischen und wollten die aus ihrer Sicht ungerechte Entscheidung nicht akzeptieren. Allen voran Nürnbergs Trainer Udo Klug, der sich auch lange nach dem Abpfiff nicht beruhigt hatte: »Eine unmögliche Entscheidung. Herr Hennig hat uns den möglichen Pokalsieg gestohlen.«

liche Spielzeit holen. Für einen Tag sollte die Tristesse des Bundesliga-Alltags vergessen sein und eine sportliche Party gefeiert werden.

Die Begegnung zwischen David und Goliath begann anders, als es die Zuschauer und auch die Experten angesichts der vorangegangenen Form erwartet hatten. Nicht Bayern, sondern Nürnberg dominierte die Anfangsphase und wurde nach 31 Minuten für den Sturmlauf belohnt. Ein Tor, das für sich bereits das Eintrittsgeld wert war. Hintermaier hatte aus fast 40 Metern abgezogen. »Aus dieser Entfernung würde ich mich nie trauen, in Richtung Tor zu schießen«, bekannte Bayern-Stürmer Karl-Heinz Rummenigge nach dem Abpfiff. Doch Hintermaiers Schuss flatterte an diesem Nachmittag wie von einer unsichtbaren Schnur gezogen durch das Waldstadion. Für den Bruchteil einer Sekunde hielten die 61 000 Zuschauer den Atem an, dann sahen sie staunend, wie sich der angeschnittene Schuss genau in den linken Winkel drehte. Als die Kugel hinter Bayerns Keeper Müller einschlug, schrie die Hälfte der Zuschauer vor Begeisterung auf, während sich in der großen Bayernkurve Entsetzen breit machte. Der Außenseiter führte durch dieses Traumtor des Österreichers mit 1:0. Hintermaiers Erklärung war knapp, aber einleuchtend: »Kein Nebenspieler war frei, da habe ich einfach draufgehauen.«

Der Moment, der Dieter Hoeneß zum Pokalhelden werden lässt: Trotz seiner Kopfverletzung drückt er vor Norbert Eder das Leder zum 4:2 in die Maschen.

Türen&Küch
LUNA
RO

Eine Minute vor dem Halbzeitpfiff wurden die Gesichter des Bayernanhangs noch länger, denn der Nürnberger Linksaußen Dressel nahm sich noch in der eigenen Hälfte den Ball, umkurvte fast jeden Bayern-Spieler und erzielte aus spitzem Winkel das 2:0.

Verkehrte Welt im Waldstadion, und sogar bei den erfolgsverwöhnten Bayern kamen erste Zweifel auf. Freimütig bekannte Rummenigge später: »Als das 2:0 fiel, hatte ich nur noch wenig Hoffnung. Ich dachte, jetzt sind wir nicht mehr zu retten.«

Die Kabinenansprache von Trainer Csernai wurde zu einer ganz kurzen Angelegenheit: »Meine Herren, es liegt ja auf der Hand, was jetzt zu tun ist. Wir haben solche Spiele schon öfter herumgerissen. Den Rest sollten Sie jetzt erledigen.«

Dabei dachte der Coach an die Europacup-Partie gegen Sofia, als die Bayern nach einer 3:4-Pleite im Hinspiel des Landesmeister-Halbfinales das Rückspiel glorreich mit 4:0 gewonnen hatten. Auch deshalb sollte jetzt der am Kopf verletzte Hoeneß helfen, das Spiel noch zu drehen. Mit frischem Verband, gerade genäht, war der Mittelstürmer als einer der letzten aus der Kabine zurückgekommen. Neun Minuten später sollte sein vielleicht spektakulärster Auftritt als Fußballer stattfinden. Wolfgang Dremmler hatte wunderschön in den Strafraum geflankt, und der mutige Hoeneß köpfte trotz erneut blutender Kopfwunde den Ball herrlich zu Rummenigge, so dass der Nationalstürmer ihn problemlos ins Netz verlängern konnte. Den Münchnern gab dieser Treffer Auftrieb. Paul Breitner schrie Hoeneß an: »Super, Dieter, jetzt packen wir es doch noch.«

Nürnberg dagegen war geschockt und erholte sich bis zum Abpfiff nicht mehr von diesem Tor. Die logische Folge war der 2:2-Ausgleich in der 68. Minute. Rummenigges Schuss war nur an den Pfosten gegangen. Kraus nahm den zurückspringenden Ball auf und schoss ihn zwischen dem heranstürzenden Torwart Kargus und Reinhardt hindurch ins Tor.

Schade für dieses sportlich hoch dramatische Spiel, dass die Vorentscheidung durch eine umstrittene Szene fiel. 18 Minuten vor Spielende gab es einen stark umstrittenen Elfmeter für die Bayern.

Empfang nur für die Verlierer

Aber auch die Verlierer ließen sich nicht lumpen, trotz der unglücklichen Niederlage. Präsident Roth gab 45 Flaschen Sekt aus. 200 Nürnberger, unter ihnen auch Vereinsangestellte, Frauen und Freunde, saßen im Frankfurter Hotel Holiday Inn bis 6 Uhr morgens zusammen. Um 15 Uhr stieg ein großer Empfang am Hauptmarkt in Nürnberg. Tausende Fans ließen die Verlierer hochleben.
Die Bayern verzichteten auf einen Empfang, den sie nach dem Europacup-Finale nachholen wollten. Doch dazu sollte es nicht mehr kommen …

Natürlich nahm sich Paul Breitner, einer der sichersten Elfmeterschützen der Fußballgeschichte, das Leder. Ein Gedicht, wie der Weltmeister von 1974 den Strafstoß verwandelte. Paul breitete die Arme aus, machte einen Wechselschritt und schob die Kugel ins linke Eck, während der verladene Kargus bereits im anderen, rechten Eck lag.

Der Schlusspunkt aber blieb dem eigentlichen Mann des Tages vorbehalten. »Turban-Held« Dieter Hoeneß machte das 4:2 höchstpersönlich und krönte damit seine großartige Leistung an diesem Nachmittag. Noch Stunden nach dem Abpfiff wunderten sich die Nürnberger, wie Hoeneß angesichts seiner klaffenden Wunde überhaupt noch zum Kopfball gehen konnte. Vielleicht hatten sie deshalb auch nicht mit einem Kopfstoß des Münchner Mittelstürmers gerechnet, der dabei Club-Verteidiger Eder übersprang und eine Breitner-Flanke zum 4:2-Endstand ins Tor beförderte.

Am Ende gleichen sich die Sieger-Bilder: Paul Breitner im eigenen Bayern-Trikot, die Mitspieler im gegnerischen Dress

Nürnberg war geschlagen, und die Bayern hatten den Pokal und einen neuen Helden. »Selten habe ich so eine schwache erste Halbzeit von uns erlebt. Aber selten auch eine so starke wie diese zweite«, bekannte Rummenigge später.

Auch die »dritte« Halbzeit hatte es bei den Bayern an diesem Tag in sich, denn nach dem Pokalsieg wurde der »Tag der Arbeit« auf die dem Verein eigene noble Art und Weise gefeiert. Auf dem Rückflug nach München schlürften die Sieger Champagner als Aufwärmprogramm, bevor es gegen 22 Uhr in einem Nobelrestaurant mit Langusten, Spargel, bayerischer Ente und Heidelbeereis weiterging. Das eigentliche Dessert aber war der Auftritt in der Diskothek »Charly M.« bis zum frühen Morgen.

11. Juni 1983

1. FC Köln – Fortuna Köln 1:0

Karneval in Köln – aber eine Stimmung wie am Aschermittwoch

Harte Arbeit im Lokalderby: Littbarski mit dem Tor des Tages, links Klaus Fischer (Horstmüller)

Die Sensation war perfekt, denn das hatte es noch nie zuvor gegeben. Zwei Mannschaften aus derselben Stadt trafen an diesem 11. Juni 1983 im Deutschen Pokalfinale aufeinander. Und dieses Finale wurde, was konnte es besseres geben, auch noch in der gleichen Stadt ausgetragen.

Ein Endspiel mit dem 1. FC Köln, daran hatte man sich Anfang der achtziger Jahre gewöhnt, zumal die Kölner eine herausragende

Enttäuscht vom schwachen Sieg: Harald Konopka und Torhüter »Toni« Schumacher wollten ganz schnell unter die Dusche (Horstmüller)

Saison gespielt hatten. Aber dass auch der kleine Bruder aus der Südstadt, die Fortuna, den Sprung in dieses Endspiel geschafft hatte, war fast unglaublich.

Fortuna Köln hatte in dieser Pokalsaison nicht gekannte Zähne gezeigt und schaltete gleich drei klassenhöhere Bundesligisten aus.

Als Eintracht Braunschweig im eigenen Stadion im Achtelfinale mit 1:2 verlor, glaubten die Fachleute noch an eine dieser Pokalsensationen, die meist als Eintagsfliegen in die Geschichte eingehen. Doch dann legten die Kölner nach, schalteten im Viertelfinale sogar Borussia Mönchengladbach in zwei Partien (2:2; 2:1) aus und standen auf einmal im Halbfinale. Auch dort wartete mit Borussia Dortmund eine scheinbar unlösbare Aufgabe, doch nun verblüfften der Zweitligist die gesamte deutsche Fußballwelt und deklassierte die Dortmunder im Süd-Stadion mit 5:0.

Das erste »kölsche« Endspiel war plötzlich Realität geworden. Eine ganze Stadt stand nach dieser Spielansetzung Kopf. »Jetzt ist auch noch im Juni Karneval«, jubelte der mächtige Fortuna-Boss Jean Löhring.

Doch das so heiß ersehnte Volksfest wurde eher zu einer Trauerfeier. Erwartungsfroh kamen die 60 000 Fans ins »heimische« Müngersdorfer Stadion, doch dann erlebten sie wieder einmal, wie ungerecht Fußball sein kann.

Kölns Trainer Michels warnte seine Mannschaft noch kurz vor dem Anpfiff: »Leute, seid vorsichtig. Die sind nicht von ungefähr ins Finale gekommen. Fortuna ist bärenstark.«

Wer es da noch nicht glaubte, dem bewies es der Zweitligist fast über die gesamte Spielzeit. Die unbeschwerten Fortunen spielten munter auf, erarbeiteten sich viele Torchancen – mit dem einzigen, aber wesentlichen Nachteil, dass der Ball einfach nicht hinter FC-Torhüter Toni Schumacher ins Tor wollte. Die größte Chance für den nur noch auf dem Papier existierenden Außenseiter hatte Spielmacher Jürgen Gede in der ersten Halbzeit. Sein Schuss krachte an das Lattenkreuz des gegnerischen Tores. Fortuna hatte einfach kein Glück.

Am Ende gab es dann doch noch Blumen für die Sieger mit den bedröppelten Gesichtern (Horstmüller)

Auch andere schafften es nicht. Grabosch hatte eine große Chance, doch dem Fortunen rutschte freistehend vor dem Kasten der Ball durch die Beine, und so wurde es wieder nichts mit dem zu diesem Zeitpunkt durchaus verdienten Führungstor. Der Unglücksrabe bekannte später mit Tränen in den Augen: »In der ersten Halbzeit musste ich das 1:0 machen. Und hinterher kommt noch der Toni Schumacher mit der Faust an meinen Flachschuss ran. Ich verstehe die Fußballwelt nicht mehr.«

Was nachzuvollziehen war, denn in der 68. Minute kam sie endgültig durcheinander. Fortunas Keeper Helmschrot und Kapitän Finkler waren sich einen Moment nicht einig. Der Ball rutschte zu Littbarski, und der Nationalspieler hatte keine Mühe, zum 1:0 einzuschießen. Die schlechtere Mannschaft war in Führung gegangen. Der anfängliche Jubel der FC-Fans ging später in einem ohrenbetäubenden Pfeiffkonzert unter. Denn als Trainer Michels gleich nach dem Wiederanstoß an die Seitenlinie kam und mit beiden Händen seinem Team signalisierte, langsamer zu spielen, war es auch mit der Geduld seiner eigenen Anhänger vorbei. Sie tobten, buhten (»Michels raus«) und pfiffen den Holländer bis zum Abpfiff gnadenlos aus. Die Stimmung in Müngersdorf war vergiftet, zu enttäuscht waren die Zuschauer über dieses Spiel.

Auch bei der Siegerehrung war die Atmosphäre nicht mehr besonders feierlich, sogar die Pokalübergabe wurde nicht zu der gewohnt schönen und bunten Party. Der 1. FC Köln hatte seinen Kredit beim Publikum gänzlich verspielt.

Kölns Konopka schaute wütend hinauf zur Haupttribüne. Seine dunklen Augen blitzten streitlustig. Torwart Schumacher, sonst ein freundlicher und lustiger Typ, winkte eiskalt und lustlos den Leuten zu. Es war nicht mehr als nur eine Pflichtübung.

Beim Verlierer knallten die Sektkorken bis morgens um vier. Doch so richtig konnte das Finalpech nicht verarbeitet werden. In der Kölner Diskothek »Déjà vu« ärgerte sich der Zweitligist über die vergebene Jahrhundertchance.

Mittelfeldantreiber Hannes Linsen war auch nach dem 17. Glas Kölsch noch immer betrübt: »Da spielst Du 90 Minuten den besse-

Der Pokal ist unser: Pierre Littbarski und Harald Schumacher zeigen, wie er aussieht. (Horstmüller)

. Juni
83

ren Ball, hast die besseren Chancen. Aber Du kriegst doch einen drauf. Das ist unfassbar.« Stürmer Lemke trank dagegen nur noch Schampus: »Sonst halte ich das hier nicht mehr aus. Immer flitzen die Bälle Zentimeter am Tor vorbei. Fußball kann wirklich unfair sein.«

Mittelstürmer Schatzschneider machte in Müngersdorf sein letztes Spiel für die Fortuna und wechselte zum frisch gebackenen Europacupsieger Hamburger SV. Aber kurz vor seinem Abschied wischte der Torjäger seinem verhassten Trainer Luppen noch eins aus.

Schatzschneider: »Luppen ist ein Oberlehrer, der nur dumme Sprüche macht.« Der verbale Konter des Coachs: »Als Sportler hoch talentiert, aber faul. Als Mensch ein großmäuliger arroganter Egoist. Er hält sich für einen Weltmeister, kann aber keine Kritik ertragen.«

Vergessen waren die 22 Tore, die »Schatz« in nur einen halben Jahr für den Zweitligisten erzielte hatte. Vergessen waren die drei Treffer, die der lange Schlacks im Halbfinale gegen Dortmund gemacht hatte.

Das Pokalfinale 1983 stand unter einem ungünstigen Stern. Die Sieger freuten sich nicht und kamen nur vereinzelt zu ihrer Siegesfeier. Die Verlierer haderten mit dem Schicksal und verstrickten sich in Streitgespräche. So wurde das erste und bisher einzige Stadtduell ein Endspiel, das Großes versprochen hatte und doch enttäuschend endete.

Littis Schmerzen

»Endlich habe ich Dich. Für Dich habe ich gelitten«, sprach Pierre Littbarski und nahm den Pokal in seine Arme. Hinter der persönlichen Ansprache steckte ein großes Geheimnis. Der Torschütze des Siegtreffers der Kölner spielte elf Monate mit einem angeknacksten Fuß. Beim WM-Thriller gegen Frankreich war es passiert, doch »Litti« verheimlichte allen seinen doppelten Bruch, weil der Kölner Angst hatte, dass die Konkurrenten ihm den Platz in der Nationalmannschaft wegnehmen würden. Doch die Schmerzen wurden schlimmer, und auch seine Leistungen gingen in den Keller. So gab es immer öfter Kritik. »Ich wollte den rechten Fuß nicht in Gips legen. Dann wäre ich zu lange ausgefallen«, verteidigte sich Littbarski später. Der Pokal war deshalb eine süße Entschädigung für elf schmerzhafte Monate.

31. Mai 1984

FC Bayern München – Borussia Mönchengladbach 1:1, 8:7 n.E.

Das schönste Abschiedsgeschenk gab's vom Bruder …

Michael Rummenigge spreizte die Arme und rannte im Sprint am Tor vorbei, bog auf die Laufbahn des Waldstadions ein und nahm Kurs auf die Haupttribüne. Der Bayern-Stürmer drehte mit der »Flieger-Pantomime« keinen Werbespot für den benachbarten Rhein-Main-Flughafen, sondern bejubelte seinen Siegtreffer im Pokalfinale gegen Borussia Mönchengladbach.

Verfolgt wurde der Schütze des dramatischen und entscheidenden Elfmeters zum 7:6-Endstand von seinem Bruder Karl-Heinz, der Mühe hatte, den jüngeren Michael einzufangen.

1:0-Führung für Gladbach: Frank Mill (3) verwandelt einen Eckstoß per Kopfball. Bayern-Keeper Jean-Marie Pfaff (r.) hat das Nachsehen.

»Kalle« wollte als erster Dankeschön sagen, war es für den Vizeweltmeister von 1982 doch eine ganz besondere Partie gewesen. Schließlich hieß es nach dieser Partie Abschied nehmen, denn der Weltklassestürmer wechselte im Sommer zum italienischen Spitzenklub Inter Mailand. So war die Rührung und die belegte Stimme bei Rummenigges Ansprache mehr als verständlich: »In meinem letzten Spiel für München hat mir mein Bruder das schönste Geschenk gemacht. So hatte ich mir den Abschluss in München immer vorgestellt.«

Ganz so besinnlich ging es zum gleichen Zeitpunkt in der Kabine der Bayern nicht zu. Völlig durchnässt erschien Trainer Udo Lattek auf der Pressekonferenz. »Ich möchte mich schon mal für meinen Aufzug entschuldigen«, lachte Lattek, »normalerweise sehe ich nach einem Fußballspiel nicht wie ein begossener Pudel aus.« Seine Spieler hatten den Trainer im Jubelrausch im hohen Bogen ins Entmüdungsbecken geworfen.

Keiner der 61 000 Zuschauer im Frankfurter Waldstadion hätte nach den ersten 120 Minuten gedacht, dass dieses Pokalendspiel noch einen so dramatischen Verlauf nehmen würde. Zu langweilig waren die meisten Aktionen der hoch gewetteten Kontrahenten München und Mönchengladbach. Die Führung von Frank Mill in der 33. Minute hatte Wolfgang Dremmler acht Minuten vor dem Abpfiff ausgeglichen. Die anschließende Verlängerung plätscherte auch nur so dahin, waren beide Teams doch zu sehr bemüht, nicht den entscheidenden Fehler zu machen, um das Duell vorzeitig zu verlieren.

So schienen beide Mannschaft förmlich auf das Elfmeterschießen gewartet zu haben. Und das sollte auch die Fans auf den Rängen für ihre Geduld entschädigen und dieses Finale doch noch zu einer Sternstunde machen.

Ausgerechnet Lothar Matthäus lief zum ersten Schuss an. Der Gladbacher Mittelfeldläufer hatte vor dem Finale seinen Wechsel zum FC Bayern bekannt gegeben. Einige Borussen-Anhänger forderten deshalb Trainer Jupp Heynckes auf, Lothar gegen seinen zukünftigen Arbeitgeber nicht aufzustellen.

Nicht unbedingt aufregend waren die 120 Minuten Spielzeit, bevor es zum Elfmeterschießen kam. Artistische Einlagen wie von Karl-Heinz Rummenigge änderten daran wenig.

Aber Matthäus zeigte schon damals als junger Spieler sportliche Größe und versteckte sich nicht, obwohl es – wie er später selbst bekannte – der einfachste Weg gewesen wäre, gar nicht erst zum Elfmeter anzutreten. Aber Matthäus wäre nicht Matthäus, wenn er nicht bereits im Voraus für diesen Fall Heynckes gebeten hätte, den ersten Schuss bei einer eventuellen Elfmeterentscheidung treten zu können.

So nahm das Fußballschicksal seinen Lauf. Matthäus lief an, doch der sonst so sichere Schütze geriet in Rücklage und jagte die Pille hoch über den Kasten von Torhüter Ulrich Sude in die Fankurve.

»Mein einziger Gedanke war, einfach voll draufzuhauen. Als ich anlief, überlegte ich mir es doch anders und wollte platziert ins Eck schießen. So ist es dann passiert. Das war der schwärzeste Schuss, den ich je für Mönchengladbach losgelassen habe«, versuchte Matthäus das Unglück zu beschreiben.

Diesen Fehlschuss sollten die Fans auf dem Bökelberg Matthäus nie verzeihen. Seine späteren Auftritte mit Bayern München beim Ex-Verein wurden immer von lauten und stetigen »Judas, Judas«-Rufen begleitet. Böse Zungen behaupteten sogar, dass der Franke den Schuss am 31. Mai 1984 in Frankfurt absichtlich über das Tor gejagt hatte, um mit seinem neuen Verein im Europapokal der Pokalsieger und nicht nur im UEFA Cup zu starten. »Schwachsinn«, kann sich Matthäus noch heute über diese Unterstellung ärgern.

Kurios, dass der Weltklassespieler, der in so vielen Situationen die Nerven behalten hatte, schon damals ein echtes Elfmeterproblem offenbarte. Beim wichtigsten Elfmeter im WM-Finale von Rom 1990 drückte er sich wegen eines angeblich abgebrochenen Stollens vor dem Ausführen und überließ die Verantwortung so seinem Mitspieler Andy Brehme, später in der Saison 96/97 verschenkte er im Münchner Stadtderby gegen 1860 beim Stand von 1:1 kurz vor Schluss den Sieg. Und im Pokalfinale 1999 war es erneut Matthäus, der den letzten und entscheidenden Elfmeter verschoss und so Bremen zum Pokalsieger machte.

Noch aber war dieses Elfmeterdrama nach Matthäus' Fehlschuss nicht entschieden. Auch wenn die nächsten sechs Schützen die Ner-

Die Spannung auf ihrem Höhepunkt: der »Kleine«, Michael Rummenigge, läuft an, trifft gegen Sude und hat für den großen Bruder Karl-Heinz ein Abschiedsgeschenk in Händen.

Drama in zwei Akten

Spannender als das Finale waren sicherlich auch die beiden Halbfinal-Partien des Pokalswettbewerbes von 1983/84. Sie sollten zu den besten und turbulentesten in der Cup-Geschichte zählen.
Als am 1. Mai auf dem Bökelberg Gastgeber Mönchengladbach auf Werder Bremen traf, gab es eine ganze Reihe ungewöhnlicher Randgeschichten. Schon auf der Fahrt ins Stadion war der Werder-Mannschaftsbus in einen Unfall verwickelt. Das Team hatte aber Glück, da nur Blechschaden entstand. Während des Spiels warf ein verrückter Bremen-Fan eine Rauchbombe auf den Rasen, mit der Folge, dass die Partie unterbrochen wurde und die Profis beider Teams die gereizten Augen säubern mussten. Noch verrückter war der Spielverlauf, denn Gladbach führte bis 15 Minuten vor Ende mit 3:1. Dann aber drehte Werder innerhalb von nur 300 Sekunden das Spiel, schoss drei Tore und lag nun selbst mit 4:3 in Führung. Aber die Hausherren zeigten Moral und glichen Sekunden vor dem Abpfiff durch Criens wiederum aus. Der Torjäger war es auch, der in der Verlängerung das umjubelte 5:4 schoss und Gladbach den Finaleinzug sicherte.
Wer aber glaubte, die Partie vom Vortag wäre an Dramatik nicht zu überbieten, hatte sich getäuscht. Nur 24 Stunden später stieg in Gelsenkirchen eine Sternstunde der deutschen Fußballgeschichte. Zweitligist Schalke lag nach nur zwölf Minuten 0:2 gegen den großen FC Bayern zurück. Doch die Königsblauen schlugen zurück und glichen in nur sieben Minuten aus. Das Spiel blieb spannend und ging mit 4:4 in die Verlängerung. Als Dieter Hoeneß zwei Minuten vor dem Abpfiff das 6:5 für die Gäste erzielte, schien sich der Bundesligist ins Endspiel gemogelt zu haben. Aber Sekunden vor dem Ende machte der damals erst 18-jährige Olaf Thon mit seinem dritten Treffer das 6:6 und das Wiederholungsspiel perfekt.
Eine Woche später reichten trotz großen Ehrgeizes die Kräfte nicht, und Schalke verlor unglücklich mit 2:3 in München.

ven behielten und es besser machten als Lothar, der, inzwischen nur noch mit Strümpfen bekleidet, zusammengekauert im Mittelkreis kauerte. Sören Lerby, Norbert Nachtweih und Wolfgang Grobe trafen für die Süddeutschen, Kai-Erik Herlovsen, Uli Borowka und Hans-Günter Bruns für die Rheinländer.

Bayern war also weiterhin im Vorteil, hatte einen Treffer Vorsprung. Jetzt war der eigentlich treffsichere Klaus Augenthaler an der Reihe. Doch den schwachen Schuss (»Ich dachte, ich bekomme einen Herzschlag«) konnte Sude im Gladbacher Tor mühelos parieren.

Matthäus sprintete auf seinen Torwart zu und umarmte ihn, denn somit stand es plötzlich wieder Unentschieden im Elfmeter-Drama – 3:3. Weiter ging die Nervenschlacht.

Winfried Hannes bewahrte Ruhe und schob zum 4:3 ein, Karl-Heinz Rummenigge mit seinem letzten Ballkontakt im Bayern-Trikot glich wieder aus zum 4:4. Auch Hans-Jörg Criens traf für Gladbach, Dremmler ebenso für Bayern. Weil danach Michael Frontzeck und Bernd Martin ebenfalls sicher verwandelten, stand es 6:6.

Die Spannung im Waldstadion war jetzt kaum noch zu überbieten. Unbeschreiblicher Lärm, als sich der Gladbacher Norbert Ringels den Ball auf den Punkt legte. Der Verteidiger schlurfte betont lässig zum Elfmeterpunkt. Kaugummi kauend korrigierte er die Lage des Balles. Der Schuss flog genau in die Ecke, prallte aber zum großen Entsetzen der Borussen an den Pfosten und sprang ins Feld zurück.

Jetzt war Michael Rummenigge an der Reihe und konnte mit einem erfolgreichen Elfmeter seinem älteren Bruder den DFB-Pokal quasi als Abschiedsgeschenk überreichen.

»Hau ihn rein, Michael, hau das blöde Ding bloß rein. Alles andere kannst Du mir nicht antun«, rief Kalle dem jüngsten Sohn der

Bayern-Kapitän Karl-Heinz Rummenigge nimmt in seinem letzten Spiel für den Verein den Pott aus den Händen von DFB-Präsident Hermann Neuberger entgegen, daneben strahlt Helmut Kohl.

Trainer Udo Lattek mit seinem Mannschaftsführer

Familie Rummenigge zu. Und der »Kleine« machte den Sieg und den Pokal klar.

»Das war eigentlich gar kein so glücklicher Sieg«, versuchte sich Trainer Lattek später in einer ganz anderen Erklärung. »Wir hatten die Gladbacher doch fest im Griff wie nie. Die waren doch mit ihren Kräften am Ende, konnten doch nicht mehr.«

Für viel Heiterkeit sorgte Münchens Keeper Jean-Marie Pfaff, als Rummenigge schwer bepackt die Münchner Pokaltaschen aus der Kabine schleppte. »Als Kofferträger hat er als junger Spieler bei Bayern angefangen, als Kofferträger hört Kalle jetzt auf.«

Doch Rummenigge ging gar nicht erst auf die Frotzeleien des Keepers ein, sondern nahm sogleich die wartenden Journalisten »auf die Schippe«: »Na, Ihr wollt wohl gern wissen, was ich in dem Koffer habe. Ich sage es aber nicht.« Und dann rief Kalle: »Geht alle weg da, der Pott gehört mir.«

Nicht mehr viel zu lachen hatten die Sieger später auf dem Flughafen. Charter-Maschinen durften damals nicht später als 22 Uhr in der bayerischen Metropole landen, und so hob der eigentlich gebuchte Flieger ohne die Pokalhelden ab.

Die planten um und flogen nach Nürnberg, von dort aus ging die Reise in Bussen und Taxen weiter. In München feierten sie bis in den frühen Morgen den Erfolg über Borussia Mönchengladbach und natürlich Rummenigges Abschied nach Italien. Bayern-Präsident Willi O. Hoffmann und Manager Uli Hoeneß waren die letzten Gäste, verließen glücklich und zufrieden um sieben Uhr morgens das Fest.

26. Mai 1985

Bayer 04 Uerdingen – FC Bayern München 2:1

Schäfer gewann den Cup und drei Frauen …

Der große Außenseiter am Ziel aller Träume: Uerdingen schlägt die Bayern. Friedhelm Funkel unter dem Himmel von Berlin.

Er wusste gar nicht, wen er zuerst küssen sollte. Den gerade gewonnenen DFB-Pokal oder seine Frau Rita. Wolfgang Schäfer konnte sein Glück nicht fassen, denn der Uerdinger Stürmer war der absolute Held des Pokalfinales, und diese schöne, mit 43 Edelsteinen besetzte Trophäe hatte vor wenigen Tagen seine zerbrochene Ehe wieder gekittet. Rita und Wolfgang waren wieder ein Paar.

Schäfers Geschichte begann wie ein Märchen. Zu Saisonbeginn kam der bullige Angreifer vom Zweitligisten Union Solingen nach Krefeld. Nach einer kurzen Eingewöhnungszeit legte er dann Anfang des Jahres so richtig los.

Schäfer erzielte die ersten sechs Uerdinger Tore und war der umschwärmte Held bei den Fans. Die Journalisten baten ihn fast täglich um Interviews, um das »Wunder aus der Grotenburg« (*Rheinische Post*) vorzustellen.

Für Wolfgang, der sich immer hatte durchbeißen müssen, ein ganz neues Gefühl. Jetzt stand er erstmals in seiner Karriere im Mittelpunkt des Interesses. Ständig TV-Auftritte, Parties, Einladungen – Schäfer war überall gern gesehener Gast und genoss diese neue Popularität in vollen Zügen.

Doch mit diesem neuen Leben kam er immer weniger zurecht. Schäfer verlor den Halt und feierte auf vielen Festen fröhlich mit. Er wurde immer mehr Gefangener einer Scheinwelt des Glitzer und Glamours, doch die Realität sah anders aus.

Er traf plötzlich seltener das Tor, seine sportlichen Leistungen wurden schwächer. Schlimmer noch, dass seine Familie unter der

Entfremdung des Ehemanns und Vaters litt, der seine Freizeit nun immer öfter mit neuen »Freunden« verbrachte.

Die Beziehung zu Ehefrau Rita und seinen Töchtern Andrea und Sandra war so nachhaltig gestört, dass Schäfer nach einer Karnevalsfete endgültig durchdrehte und zu Hause auszog.

Trainer Kalli Feldkamp und Manager Roder versuchten ihn wieder zur Vernunft zu bringen. In vielen Gesprächen sprachen sie Wolfgang ins Gewissen, doch nichts half. Schäfer schien für den Profi-Fußball und seine Familie verloren zu sein.

Dann plötzlich der Sinneswandel. Zwei Wochen vor dem Endspiel kehrte er reumütig zu seinen »Frauen« zurück. Die Rückkehr machte aus dem geläuterten Stürmer fast einen neuen Menschen, denn auf einmal versuchte er wieder, die Familie an erste Stelle zu setzen. Was bewirkte, dass es auch mit dem Toreschießen wieder klappte.

Zwei Wochen vor dem Endspiel gegen die Bayern meldete er sich mit einem Doppelpack gegen Karlsruhe zurück, und nach seinem 2:1-Siegtreffer in diesem Pokalfinale 1985 sagte der »Mann des Tages«: »Das hatte ich Rita versprochen. Ich bin froh und glücklich.«

Der Rot-Sünder: Wolfgang Dremmler muss vom Platz.

Uerdingens Torhüter Werner Vollack klärt vor Dieter Hoeneß (l.) und Roland Wohlfahrt (10); in der Mitte Michael van de Loo.

Das Happyend hatte in Berlin mit großem Gemaule begonnen. Als die Uerdinger beim Abschlusstraining den Rasen im Olympiastadion testeten, waren sie entsetzt. »Der Platz ist holprig. So ein Acker eignet sich doch nicht für ein Finale«, beschwerte sich Uerdingens Kapitän Matthias Herget.

Die Rückbesinnung auf die historische Finalstätte des DFB hatte politische Gründe. Man wollte mit dem festen Austragungsort in der geteilten Stadt ein ganz besonderes Zeichen setzen.

Es war eine mit Spannung erwartete Probe, wie die Berliner dieses Endspiel nach langen 42 Jahren Pause annehmen würden. Doch die Sorgen waren unbegründet, denn 70 000 freuten sich an diesem sonnigen 26. Mai auf die Begegnung zwischen den großen Bayern aus München und den Underdogs von Bayer Uerdingen.

Wer aber auf eine Sensation gehofft hatte, wurde nach acht Minuten zunächst enttäuscht. Dieter Hoeneß tanzte an seinen Bewachern Brinkmann und Wolfgang Funkel vorbei und erzielte auch noch mit seinem schwächeren linken Fuß die 1:0-Führung.

Das weckte die Außenseiter aus Krefeld, die auf unerwartete Weise zurückschlugen: Buttgereit flankte, der Ball rutschte wenige Millimeter über den Scheitel von Augenthaler hinweg und landete

Die Entscheidung in der 67. Minute: Wolfgang Schäfer (r.) kommt vor Eder (am Boden) an den Ball, der Flachschuss überwindet Raimond Aumann im Tor der Bayern – und es steht 2:1.

bei Feilzer. Der Uerdinger ging volles Risiko, traf den Ball optimal, und so landete sein Volleyschuss zum 1:1 im Bayern-Tor. Das alles nur 55 Sekunden nach der Führung …

Das Spiel wurde härter und eine Welle von Verwarnungen traf die Profis. Bayerns Dremmler (43.) hatte besonders viel Pech. Nach einem Sprung in Schäfers Rücken gab es tumultartige Szenen. Feldkamp rannte wie ein Boxer aufs Feld, und Herget drohte dem Münchner mit der Faust. Schiedsrichter Föckler fackelte nicht lange, zeigte dem Sünder Gelb und schickte Dremmler in der 47. Minute nach einem erneuten Foul vorzeitig unter die Dusche. Föckler: »Für mich war das eine Schrecksekunde. So ein großes Spiel und dann Rot. Aber ich musste es tun, es war ein grobes Foul.«

Wolfgang Dremmler war nach der Hinausstellung kaum zu beruhigen: »Die Uerdinger sind ganz schlimme Schauspieler. Die ha-

Wenn sich der Außenseiter freut, ist vom hohen Favoriten nichts mehr zu sehen, v.r.: Larus Gudmundsson, Matthias Herget (3), Horst Feilzer, Werner Buttgereit; ebenerdig Torschütze Schäfer

Trainer Karl-Heinz Feldkamp – kraftstrotzend

ben sich clever fallen gelassen. Die deutschen Schiedsrichter sollten sich mal ein Video von Everton anschauen. Da gibt es nicht mal für einen Nasenbeinbruch Freistoß.«

Unterstützung bekam der Nationalspieler von seinem Teamchef, denn Franz Beckenbauer hatte sich bereits in der Halbzeitpause über die Schiedsrichterleistung aufgeregt: »Alle Verwarnungen waren überflüssig. Fußball ist doch kein Schach.«

Doch nur allein die Schuld beim Unparteiischen zu suchen, kam der Wahrheit nicht mal ansatzweise nahe. Zumindest, wenn man sich die Fehler der Münchner vor Augen führte. So wie in der 67. Minute, als Gudmundsson mit der Hacke kunstvoll auf Schäfer spielte, Bayerns Verteidiger Eder zu spät kam und der Uerdinger Stürmer mit einem Flachschuss den 2:1-Siegtreffer erzielte. Es war die Sternstunde des Mannes, der Tage zuvor noch bundesweit als

Alle Pokalendspiele in Berlin

03.01.1937:	**VfB Leipzig – FC Schalke 04 2:1**
08.01.1938:	**Rapid Wien – FSV Frankfurt 3:1**
28.04.1940:	**1. FC Nürnberg – SV Waldhof Mannheim 2:0**
01.12.1940:	**Dresdner SC – 1. FC Nürnberg 2:1 n.V.**
02.11.1941:	**Dresdner SC – FC Schalke 04 2:1**
15.11.1942:	**TSV 1860 München – FC Schalke 04 2:0**
26.05.1985:	**Bayer 04 Uerdingen – FC Bayern München 2:1**
03.05.1986:	**FC Bayern München – VfB Stuttgart 5:2**
20.06.1987:	**Hamburger SV – Kickers Stuttgart 3:1**
28.05.1988:	**Eintracht Frankfurt – VfL Bochum 1:0**
24.06.1989:	**Borussia Dortmund – SV Werder Bremen 4:1**
19.05.1990:	**1. FC Kaiserslautern – SV Werder Bremen 3:2**
22.06.1991:	**SV Werder Bremen – 1. FC Köln 5:4 n.V. u.E.**
23.05.1992:	**Hannover 96 – Borussia Mönchengladbach 4:3 n.V. u.E.**
12.06.1993:	**Bayer 04 Leverkusen – Hertha BSC Berlin (A) 1:0**
14.05.1994:	**SV Werder Bremen – Rot-Weiß Essen 3:1**
24.06.1995:	**Borussia Mönchengladbach – VfL Wolfsburg 3:0**
25.05.1996:	**1. FC Kaiserslautern – Karlsruher SC 1:0**
14.06.1997:	**VfB Stuttgart – Energie Cottbus 2:0**
16.05.1998:	**FC Bayern München – MSV Duisburg 2:1**
12.06.1999:	**SV Werder Bremen – FC Bayern München 6:5 n.V. u.E.**
06.05.2000:	**FC Bayern München – SV Werder Bremen 3:0**
26.05.2001:	**FC Schalke 04 – 1. FC Union Berlin**

»schwarzes Schaf« in den Medien abgestempelt worden war. Innerhalb von Sekunden war er zum umjubelten Helden geworden.

Noch lange nach dem Schlusspfiff saß Dieter Hoeneß mit nacktem Oberkörper auf der Bank und konnte sein Unglück nicht fassen. Wie beim Halbfinale in Everton (1:3) hatte er auch diesmal die Führung erzielt, aber am Ende stand er erneut mit leeren Händen da. Bittere Minuten für den Mittelstürmer, der noch vor drei Jahren als »Turban-Held« die Bayern im Finale gegen Nürnberg zum Pokalsieg geführt hatte.

Doch die hoch gewetteten Bayern entpuppten sich an diesem Tag als faire Verlierer. »Wir gratulieren ohne Wenn und Aber. So sind wir schon lange nicht mehr vorgeführt worden«, gestand Sören Lerby, und der abergläubische Bayerncoach Udo Lattek verkündete: »Alles, was ich heute anhatte, schmeiße ich weg. Hose, Pulli, Hemd.«

Kurios, wie sich die Uerdinger, die logischerweise eine andere Meinung zur Leistung des Schiedsrichters hatten als die Bayern, beim Gespann bedankte. Norbert Brinkmann ging mit dem sektgefüllten Pott in die Kabine der Unparteiischen und kam nach zehn Minuten wieder raus. Der Pokal war leer …

Uerdingens Kapitän Matthias Herget zeigt den 70 000, was es erstmals wieder in Berlin zu gewinnen gab

24. Juni 1989

Borussia Dortmund – SV Werder Bremen 4:1

Dickels »Wunderheilung« überraschte auch »König Otto«

In der 77. Minute war sein Arbeitstag beendet. Unter frenetischem Applaus der BvB-Fans ging ein überglücklicher Norbert Dickel vom Rasen des Olympiastadions. Der Dortmunder Mittelstürmer war der Matchwinner und zugleich auch der Hauptdarsteller eines modernen Fußballmärchens in diesem Pokalfinale von 1989.

Begonnen hatte die Geschichte zunächst glücklos und mit vielen Tränen. Der bullige Angreifer musste sieben Wochen vor dem Finale

Karl-Heinz Riedle, am Boden, erzielt das erste Tor im Spiel. Es bleibt der Bremer Ehrentreffer. Rechts Dortmunds Schotte, Murdo MacLeod

am Knie operiert werden. Der Meniskus war zerfetzt, und so standen die Chancen auf einen Einsatz im Pokalfinale gegen Werder Bremen mehr als schlecht. Sogar der tapfere Westfale selbst, der sich an diesem Tag eigentlich einen persönlichen Traum erfüllen wollte, begann, pessimistische Prognosen abzugeben: »Ich werde zwar versuchen, pünktlich fit zu sein. Aber viele Hoffnungen haben mir die Ärzte eigentlich nicht gemacht.«

Doch Dickel kämpfte und trainierte eisern. Am Morgen des 24. Juni war noch immer keine Entscheidung über seinen Einsatz gefallen. »Ich habe mich noch nicht entschlossen. Wenn ich an den besten Abwehrmann der Liga, den Bremer Bratseth, denke, kann gegen ihn nur ein ganz gesunder Spieler bestehen«, zweifelte Dortmunds Coach Horst Köppel.

Wen aber, so fragte sich der Trainer, sollte er als Ersatz bringen? Denn das Dortmunder Problem war, dass keine echte Alternative zu Dickel bereit stand. Der dunkelhaarige Torjäger machte es seinem Trainer auch nicht unbedingt einfacher, denn er war sich noch wenige Stunden vor dem Anpfiff nicht sicher: »Wenn ich nur wüsste, ob ich so ein Spiel durchhalte, wäre ich schon einen Schritt weiter.

Michael Rummenigge, der Glückwunsch-Empfänger

Andreas Möller, der 22-jährige Siegestaumler

Vielleicht sollte ich lieber doch erst später als Joker eingewechselt werden.«

Am Mittag riss bei Köppel dann der Geduldsfaden. Der Trainer hatte keine Lust mehr, ewig das Für und Wider im Kopf abzuwägen, sondern entschied: »Nobby, Du spielst von Beginn an.«

Nicht nur für den Dortmunder Stürmer war diese klare Aussage in ihrer Konsequenz eine Überraschung. Besonders Werder-Trainer Otto Rehhagel schaute mit ungläubigem Blick auf die Mannschaftsaufstellung, die ihm ein Assistent in die Kabine gereicht hatte. Rehhagel hatte eine defensivere Aufstellung mit Storck erwartet und war fest entschlossen, auf diese Veränderung seinerseits nicht zu reagieren. Wohl auch deshalb, weil die Bremer den Langzeitverletzten nicht ganz so ernst nahmen.

Bremen begann die Partie souverän und kombinationssicher. Der Ball lief schnell und präzise von einer Station zur nächsten. Anschei-

BVB
09

Rekordliste der Halbfinalisten (1935–2001):

15 Teilnahmen:
FC Schalke 04,
FC Bayern München,
SV Werder Bremen
13 Teilnahmen:
Hamburger SV
12 Teilnahmen:
1. FC Köln und
Fortuna Düsseldorf
11 Teilnahmen:
1. FC Nürnberg

nend ließen sich die Norddeutschen nicht von der gelb-schwarzen Übermacht auf der Tribüne einschüchtern. Werder dominierte das Spiel, die 40 000 BvB-Fans hatten zumindest auf den Rängen des Olympiastadions stimmgewaltig alles fest im Griff, obwohl der Euphorie bereits nach vierzehn Minuten ein echter Dämpfer verpasst wurde. Der ehemalige Berliner (Blau-Weiss 90) Karl-Heinz Riedle wurde von Verteidiger Schaaf perfekt angespielt und schoss die Bremer mit 1:0 in Führung.

Doch die Antwort der Dortmunder ließ nicht lange auf sich warten. In der 21. Minute glich der BvB aus, nachdem Mill millimetergenau vor das Tor gepasst hatte und Dickel einen Schritt schneller als Bewacher Bratseth am Ball war. Der Weltklasse-Verteidiger aus Norwegen versuchte später zu erklären: »Ich hätte mit Sicherheit den Pass abfangen können, aber ich hatte riesige Angst vor einem Eigentor.«

Nach der Pause spielten die Borussen mit mehr Feuer. Die Bremer dagegen schienen wie gelähmt, agierten nicht mehr und reagierten teilweise viel zu spät. Die Folge war das 2:1 für den BvB, das in der 58. Minute Dickels Sturmpartner Mill per Kopfball besorgte.

Noch aber war das Spiel nicht vorbei – und auch nicht das Sensationscomeback des Stürmers. Zwanzig Minuten vor Schluss bekam Dickel den Ball an der Strafraumgrenze zugespielt. Eine kurze Drehung, ein Schuss und schon lag die Lederkugel im langen Eck. Das 3:1 für Dortmund sollte die Vorentscheidung bedeuten und wieder Dickels Gegenspieler Rune Bratseth als Sündenbock haben. »Ich war nicht bei ihm, mein Fehler«, nahm der Norweger auch diesen Treffer auf seine Kappe.

Dortmunds Held interessierte diese Erklärungen kaum, denn Dickel feierte seinen zweiten Treffer mit gespreizten Armen im Tiefflug Richtung Fans. So ging der vierte Dortmunder Treffer von Michael Lusch (74.) fast in der Jubelstimmung auf den Rängen und an der Seitenlinie unter.

Toschütze Frank Mill, getragen von Strahlemann Michael Zorc

Die Stunden nach dem Abpfiff wurden für »Nobby« fast noch anstrengender als die 77 Minuten des Pokalendspiels. Freunde, Fans und Journalisten zerrten und rissen an Dickel, jeder wollte das

Geheimnis seiner Wunderheilung und der zwei Treffer erfahren. »Ich bin sehr stolz auf meine Tore«, erzählte der heutige Stadionsprecher. »Doch so richtig fit war ich ja gar nicht. Ich werde mich immer fragen, wie viele Buden ich gemacht hätte, wenn ich völlig gesund gewesen wäre.«

Einen ganz besonderen Glücksbringer hatte der Dortmunder Zeugwart »Bomber« Wiegand herausgekramt. Er hatte Norberts alte Fußballstiefel mit nach Berlin gebracht. Wiegand: »Mit diesen Botten hat Nobby vor seiner Verletzung viele, viele Tore gemacht. Da dachte ich, sie werden ihm sicher gute Dienste leisten.«

Dickel gestand lachend: »Ich konnte in den Dingern kaum laufen, aber sie haben mir mit Sicherheit viel Selbstvertrauen gegeben.«

Auch die Fußballprominenz war von der kämpferischen Leistung des verletzten Torjägers angetan. Franz Beckenbauer, damals noch Teamchef der deutschen Nationalmannschaft, lobte: »Ich freue mich sehr für Norbert. Der Junge hat sein Herz auf dem rechten Fleck.«

Werders Meistertrainer Otto Rehhagel aber war noch am späten Abend auf dem traurigen Bankett seines Vereins total bedient: »Diese Niederlage war völlig unnötig. Wir sind in Führung gegangen und haben es leider nicht verstanden, den gelungenen Start auszubauen.« Über Dickel, dessen Nominierung er im Stadion noch mit einem Lächeln quittiert hatte, verlor der Coach kein Wort.

Einen kleinen Schreck bekamen die Pokalsieger auf dem Rückflug nach Dortmund. Ihre Charter-Maschine geriet in starke Turbulenzen. »Ich dachte, gleich stürzen wir ab«, stammelte Andreas Möller kreidebleich nach der Ankunft. Selbst Pokalheld Dickel erklärte schon wieder mit einem Grinsen auf dem Gesicht: »Ich dachte, ich müsste mich gleich in den gewonnenen Pokal übergeben.«

Der Achterbahnflug im Flugzeug schlug den Helden von Berlin gehörig auf den Magen. Blass stiegen sie in Dortmund aus der Maschine und begaben sich zu einer der größten Partys, die in der Bierstadt gefeiert wurde.

Norbert Dickel, der Pokalheld. Sieben Wochen vor dem Finale lag der Mittelstürmer noch auf dem OP-Tisch (Meniskus). Dickel lässt sich fit spritzen – und schießt zwei Tore. Er gewinnt seinen ersten und einzigen Titel, danach kann er nie wieder Fußball spielen – das Ende einer Karriere als Sportinvalide.

22. Juni 1991

SV Werder Bremen – 1. FC Köln 1:1, 4:3 n.E.

Werder endlich am Ziel – weil »Litti« die Nerven versagen

Dreimal ist Bremer Recht – so besagt es zumindest das alte norddeutsche Sprichwort. Schlimm genug, wenn man sich zum Gewinn des Pokalfinales schon an diese Weisheiten klammern muss. Doch beim SV Werder war das völlig egal. Nur noch ein Ziel stand wochenlag im Vordergrund: »Wir wollen endlich den Pokal an die Weser holen.«

Immerhin war es bereits der dritte Anlauf in Folge, als der SV Werder an diesem 22. Juni 1991 im Berliner Olympiastadion einlief.

Otto Rehhagel feiert und lässt sich feiern.

Zweimal hatte das Team in den Vorjahren das Finale verloren, obwohl der Verein in der Regel als Favorit in das Endspiel gegangen war. Erst 1989 gegen Dortmund, nachdem Werder zuvor eine sehr gute Bundesligasaison absolviert hatte und mit sechs Punkten hinter Bayern und nur einem hinter dem 1. FC Köln Dritter geworden war. Doch weil man den BvB und seinen Torjäger Dickel nicht ernst genommen hatte, ging der erste Versuch mit 1:4 daneben.

So erarbeitete sich Bremen 1990 die nächste Chance und wurde erneut höher gewettet als Gegner Kaiserslautern. Denn die Bremer hatten die Bundesliga im WM-Jahr mit einem achtbaren siebten Platz abgeschlossen, die Pfälzer dagegen nur knapp den Abstieg verhindert. Doch allen Prognosen zum Trotz siegte wieder der Außenseiter – diesmal mit 3:2 –, und Werder kehrte erneut ohne Pokal an die Weser zurück.

Nun also der dritte Anlauf und die Chance, nach 30 Jahren zum zweiten Mal den Pokalwettbewerb zu gewinnen. Als Glücksbringer

Pokalsensationen

Es gibt fünf überraschende Kapitel im großen Buch der Pokalsensationen:
1. VfB Eppingen gegen Hamburger SV 2:1
Der Drittligist schlägt den arroganten Pokalfinalisten aus dem Vorjahr. HSV-Stürmer Volkert nach der Auslosung: »Wo liegt denn Eppingen überhaupt.« Spätestens nach der Partie 1974 wusste er es.
2. 1. FC Köln – VfL Wolfsburg 0:1
Der Zweitligist aus Niedersachsen spielte beim Halbfinale im Müngersdorfer Stadion groß auf und gewann verdient durch ein Tor von Reich. Die Kölner konnten die für das Endspiel 1995 gebuchten Hotels wieder abbestellen.
3. FC Bayern München – VfL Osnabrück 4:5
Torjäger Müller traf 1978 in der zweiten Pokalrunde gleich dreimal. Aber beim Zweitligisten vom VfL gab es einen gewissen Wagner, der auch drei Tore schoss und die Niedersachsen eine Runde weiter brachte.
4. Energie Cottbus – Karlsruher SC 3:0
Peinliche Schlappe für die Badener im Halbfinale 1997 in der Lausitz. Cottbus schliddert auf vereistem Rasen als zweiter Drittligist überhaupt ins Pokalfinale.
5. SC Geislingen – Hamburger SV 2:0
Der HSV hatte in den vergangenen zehn Jahren nichts dazu gelernt und schied sang und klanglos, diesmal als Vizemeister 1984, wieder in Baden-Württemberg aus.

waren eigens einige Mitglieder jener Pokalsiegermannschaft um den damaligen Kapitän Pico Schütz eingeflogen worden, die beim 2:0 gegen Kaiserslautern in Gelsenkirchen vorgemacht hatten, wie man den Pokal gewinnt.

Wieder waren die Bremer klarer Favorit in diesem Finale, auch wenn psychisch die Last der vergangenen Pleiten schwer wog. Was blieb, waren tagelange Anfeuerungen und gegenseitige Aufmunterungsversuche, die schließlich das Selbstvertrauen bei einigen Spielern wieder auftankte. »Diesmal gewinnen nur wir. Auch weil wir jetzt einfach dran sind«, verkündete Marco Bode vor dem Anpfiff.

Nach 48 Minuten scheint Bodes Prognose aufzugehen, als der ostfriesische »Eisenfuß« Dieter Eilts seine Mannschaft mit 1:0 in Führung bringt. Jetzt löst sich endlich auch die Anspannung im Bremer Team. Zumindest bis Littbarski exakt 15 Minuten später auf Maurice Banach flankt. Der Kölner Stürmer, der wenige Monate später an einem frühen Sonntagmorgen nach einem Auswärtsspiel in

Bremen feiert mit Champagner – im dritten Finale nacheinander hat es geklappt. Klaus Allofs, linke Hand am Pokal, ist zum vierten Mal Pokalsieger: zweimal mit Fortuna, einmal mit dem 1. FC Köln, nun mit Werder.

Schalke mit seinem Wagen auf der Autobahn A 43 in den Tod rasen sollte, kann in seinem wichtigsten Spiel zum 1:1 ausgleichen.

Jetzt wurden die Bremer schlagartig wieder nervös, und beim Anhang auf den Rängen kamen erneut die Zweifel, ob es auch diesmal nichts mit der geplanten Siegesfeier vor dem Bremer Rathaus werden würde. Wie gelähmt spielten die Schützlinge von Otto Rehhagel auf einmal, retten sich aber in die Verlängerung und – weil auch die Kölner nicht viel mehr zu bieten hatten – ins Elfmeterschießen.

Es sollte erst das zweite Mal nach 1984 sein, als die Bayern damals gegen Gladbach triumphiert hatten, dass ein deutsches Pokalendspiel durch das nicht ganz gerechte Elfmeterschießen entschieden werden musste.

Eine Nervensache. Und genau die liegen bei beiden Teams anfangs blank. Schon den ersten Elfmeter für Köln verschießt der Pole Rudy. Aber die Bremer machen es nicht besser, weil Klaus Allofs den Ball nicht richtig trifft und Nationaltorwart Bodo Illgner halten kann. Erst Kölns Verteidiger Alfons Higl behält als erster die Nerven und bringt nun Köln zum ersten Mal an diesem Tag in Führung. Doch auch der neuseeländische Stürmerstar Wynton Rufer bleibt cool und schiebt den Ball lässig ein.

»Das Schöne und zugleich Schlimme eines Pokalfinales ist, dass hier in wenigen Sekunden Helden geboren werden und manchmal eine große Karriere einen entscheidenden Knacks bekommen kann. Das macht nicht vor großen Namen halt«, hatte Lothar Matthäus nach seinem folgenschweren Fehlschuss im Jahre 1999 gesagt.

Was er damit meint, wird an diesem Abend des Jahres 1991 deutlich, als sich Weltmeister Pierre Littbarski das Leder zurecht legt, Torwart Oliver Reck aber nicht auf die Täuschung des Kölners reinfällt und den Schuss parieren kann. Es ist der allererste Elfmeter, den »Litti« bis dahin in seiner Karriere verschießt – mit Folgen.

Denn nun geht es Schlag auf Schlag. 2:1 durch Rune Bratseth, wieder Ausgleich zum 2:2 durch »Mucki« Banach, Uwe Hartgen bringt Werder wieder 3:2 in Front, bevor Götz souverän seinen Elfmeter zum 3:3 einschießt.

Der Pokal hat seine Helden. Diesmal ist es Oliver Reck, der den entscheidenden Elfmeter von »Litti« hält.

Jetzt schauen alle Augen gebannt auf Mittelfeldabräumer Uli Borowka. Trifft er, ist Werder endlich am Ziel. Wenn nicht, geht das Drama weiter ...

»Da war auf einmal eine ganz besondere Stimmung im Stadion. Ich habe gar nichts mehr so richtig wahrgenommen«, erinnert sich Borowka. »Irgendwo hörte ich von den Rängen ein paar Uli-Uli-Rufe, doch noch lauter waren die Pfiffe der Kölner Fans. Ich habe mir gesagt: Ganz egal, Junge, den machst Du jetzt rein.«

Sprach's und schoss. Unhaltbar für Illgner schlägt die Lederkugel rechts unten in Netz zum 5:4. Werder hat es wirklich geschafft und ist im dritten Anlauf endlich DFB-Pokalsieger geworden. Der Jubel ist riesig, und selbst der so besonnene Otto Rehhagel herzt und umarmt alles und jeden, der sich ihm in den Weg stellt.

Kaum ein Bremer ahnte zu diesem Zeitpunkt, dass dieser Erfolg nur der Grundstein zu einem noch größeren Triumph sein sollte. Denn im folgenden Europacup wuchs der deutsche Pokalsieger über sich hinaus. 6:0 und 5:0 schlugen die Spieler gleich in der ersten Runde den rumänischen Cup-Gewinner Bacau und gewannen in Runde zwei auch gegen Ferencvaros mit 3:2 und 1:0. Mit Glück und einem Tor des jungen Stürmers Marinus Bester kurz vor dem Spielende schlug Werder im Viertelfinale Galatasaray Istanbul mit 2:1 und rettete sich im Rückspiel mit einem 0:0. Als dann auch noch Brügge bezwungen war (0:1, 2:0), stand Werder in Lissabon als krasser Außenseiter gegen das französische Spitzenteam von AS Monaco im Endspiel. Doch Trainer Otto Rehhagel stellte seine Jungs hervorragend ein, und Werder siegte verdient mit 2:0 und wurde so auch noch Europacupsieger der Pokalsieger.

Das wichtigste Tor erzielte dabei Oldie Klaus Allofs, der nach dem verschossenen Elfmeter im Pokalfinale noch etwas gut zu machen hatte. Allofs grinsend: »Ich denke, es war der richtige Tag, sich bei der Mannschaft mal zu revanchieren.«

23. Mai 1992

Hannover 96 – Borussia Mönchengladbach 0:0, 4:3 n.E.

Ein Zweitligist holt erstmals den Pokal

Ich gratuliere dem Pokalsieger von 1982 ...« Die restlichen Worte gingen in einem ohrenbetäubenden Gelächter der 70 000 Zuschauer im Olympiastadion unter. Denn DFB-Vizepräsident Otto Andres, der den erkrankten Chef Hermann Neuberger vertrat, hatte sich kurz mal um zehn Jahre geirrt: Hannover 96 war natürlich der Gewinner des Jahres 1992.

Das aber störte in diesem Augenblick weder Spieler noch Anhänger des Zweitligisten. Denn die hatten wenige Minuten zuvor an diesem 23. Mai eine der spannendsten Entscheidungen der Pokalgeschichte miterlebt.

Die Fans von der Leine zeigen, wie man den neuen Pokalsieger schreibt – fehlerlos.

Die Stadionuhr zeigte 20.38 Uhr, als sich der Däne Schönberg-Christensen ganz genau den Ball auf den Elfmeterpunkt legte. Das Entscheidungsschießen nach 120 torlosen Minuten zwischen dem Favoriten Mönchengladbach und dem Zweitligisten Hannover 96 stand bereits 3:3.

Jörg Sievers im 96er-Tor hatte schon die Strafstöße der Gladbacher Holger Fach und Kalla Pflipsen gehalten, Borussen-Keeper Uwe Kamps bislang nur einen, den des Hannoveraners Freund.

Schönberg lief an und fast lässig (»Im Fußball kenne ich keine Angst oder Nervosität«) schob er den Ball flach in die linke Ecke. Das Unvorstellbare war in dieser Sekunde zur Realität geworden. Der Außenseiter und Favoriten-Killer aus der Zweiten Liga hatte es tatsächlich geschafft und den Cup gewonnen.

Als die Niedersachsen im Sommer 1991 beim Amateur-Club Marathon 02 Berlin mit 7:0 siegten, dachte keiner der Spieler, dass man acht Monate später wieder in die große Metropole an der Spree reisen und mit so einem Erfolg belohnt werden würde. Die Pokalsaison der Hannoveraner war auch für manchen Fan wie ein einziges Märchen.

Es ging erstmal weiter mit einem überraschenden Erfolg beim Erstligisten VfL Bochum, wo 96 im Ruhrstadion verdient mit 3:2 gewann. »Dieser Erfolg hat uns für den restlichen Wettbewerb das nötige Selbstvertrauen gegeben«, befand Martin Groth rückblickend.

Dieses Selbstvertrauen hatten sie angesichts des nächsten Loses auch bitter nötig. Zur Halbzeit lagen die Norddeutschen in Dortmund scheinbar abgeschlagen mit 0:2 zurück. Zu überlegen war die Borussia in den ersten 45 Minuten gewesen, zu schwach die Gegenwehr der Gäste. Groth: »In der Kabine sprachen wir nur noch von Schadensbegrenzung. An einen möglichen Sieg war nicht zu denken.« Doch dann fiel eine Viertelstunde vor Schluss der Partie der Anschlusstreffer, und auf einmal ging alles wie von selbst. Hannover gewann auch in Dortmund mit 3:2 und schaltete damit die nächste Spitzenmannschaft aus.

Im Achtelfinale war der Pokalsieger von 1985 an der Reihe. Bayer Uerdingen musste mit 0:1 den Kürzeren ziehen, und Hannover

Die stolzen Zweitligisten, vorn v.r.n.l.: Bernd Heemsoth, Michael Schönberg, Jörg Kretzschmar (liegend), Karsten Surmann am Pokal, Andre Breitenreiter, Oliver Freund, Roman Wojcicki, Milos Djelmas (liegend), Uwe Jursch; stehend 3.v.l. Michael Koch, dann Trainer Michael Lorkowski, Torwart Jörg Sievers, Masseur Uwe Krömer, Jörg-Uwe Klütz, Axel Sundermann (verdeckt)

stand bereits im Viertelfinale, in dem wieder ein einziges Tor zum Weiterkommen reichte.

Erneut war ein Erstliga-Klub der Gegner, diesmal der Karlsruher SC mit seinem Jungstar Mehmet Scholl. Quasi zur Belohnung sollte es jetzt im Halbfinale große Kasse geben. Dass 96 das Nordderby gegen Werder Bremen auch sportlich zu einem Gewinn nutzen könnte, glaubte trotz der vielen Pokalsensationen noch immer keiner. Groth: »Die Profis aus der Ersten Liga waren uns in vielen Belangen überlegen. Fast unglaublich, dass und vor allem wie wir gewonnen haben.«

Nach 120 Minuten stand es 1:1. Schon da sammelte das Team Erfahrung für das Elfmeterschießen. Auch da schon glänzte der herausragende Torhüter Jörg Sievers. Denn der verwandelte erst einen Strafstoß höchstpersönlich, hielt danach einen Schuss von Marco Bode und brachte Hannover nach Berlin.

»Als wir diesen unfassbaren Parcour mit fünf Profi-Klubs, darunter vier Erstligisten erfolgreich absolviert hatten, haben wir auch an die Möglichkeit geglaubt, Gladbach zu schlagen«, sagt Groth.

Dabei hatte Hannover schon in der regulären Spielzeit die Möglichkeit, die Partie zu entscheiden, als Surmann in der zehnten Mi-

Die ewige Tabelle der Pokalfinalisten von 1935 bis 2001

1.	FC Bayern München	12 Teilnahmen
2.	1. FC Köln	10 Teilnahmen
3.	FC Schalke 04	9 Teilnahmen
4.	SV Werder Bremen	7 Teilnahmen
	Fortuna Düsseldorf	7 Teilnahmen
6.	Hamburger SV	6 Teilnahmen
	1. FC Kaiserslautern	6 Teilnahmen
8.	Eintracht Frankfurt	5 Teilnahmen
	1.FC Nürnberg	5 Teilnahmen
	Borussia Mönchengladbach	5 Teilnahmen
11.	Karlsruher SC	4 Teilnahmen
	VfB Stuttgart	4 Teilnahmen
13.	Borussia Dortmund	3 Teilnahmen
	MSV Duisburg	3 Teilnahmen
15.	Alemannia Aachen	2 Teilnahmen
	Hertha BSC Berlin	2 Teilnahmen
	VfL Bochum	2 Teilnahmen
	Dresdner SC	2 Teilnahmen
	Rot-Weiß Essen	2 Teilnahmen
	TSV 1860 München	2 Teilnahmen
21.	Hertha BSC Berlin (A)	1 Teilnahme
	VfL Wolfsburg	1 Teilnahme
	Energie Cottbus	1 Teilnahme
	Union Berlin	1 Teilnahme
	SW Essen	1 Teilnahme
	FSV Frankfurt	1 Teilnahme
	LSV Hamburg	1 Teilnahme
	Hannover 96	1 Teilnahme
	Fortuna Köln	1 Teilnahme
	VfB Leipzig	1 Teilnahme
	Bayer 04 Leverkusen	1 Teilnahme
	Borussia Neunkirchen	1 Teilnahme
	Kickers Offenbach	1 Teilnahme
	Stuttgarter Kickers	1 Teilnahme
	Bayer 04 Uerdingen	1 Teilnahme
	Waldhof Mannheim	1 Teilnahme
	Rapid Wien	1 Teilnahme
	First Vienna Wien	1 Teilnahme

nute für Koch auflegte, der bullige Angreifer freistehend an Uwe Kamps jedoch scheiterte. 18 Minuten später hatte Kretzschmar die nächste große Chance, doch wieder warf sich der Gladbacher Keeper mutig in den Schuss und rettete das torlose Unentschieden. Der hoch favorisierte Bundesligist hatte nur eine Großchance, bei der Sievers einen Hochstätter-Kopfball abwehren musste.

Von einem besonders im Hannoveraner Lager befürchteten Klassenunterschied war an diesem Tag nichts zu merken. Zahlreiche Glanzlichter setzte der Serbe Djelmas, den die Niedersachsen erst im Winter vom französischen Profi-Klub OGC Nizza verpflichtet hatten und der in keiner Phase der Partie von den Gladbacher Abwehrrecken Fach, Klinkert, Huschbeck oder Stadler einzufangen war.

Hätten die 96er in der 68. Minute die Nerven behalten, sie hätten sich den späteren Elfer-Krimi ersparen können. Erst Djelmas, danach Helmsoth schafften es nicht, die Kugel im Gewühl über die Linie zu drücken.

Von den Gladbachern aber war kaum etwas zu sehen, schon gar nichts von den Stars Holger Fach, Kalla Pflipsen, Martin Max, Martin Dahlin und Hans-Jörg Criens, die sonst Garanten für offensiven Fußball im Dress der Fohlen waren.

War es für Hannover eine unvergessliche Sternstunde, so wird man sich in Gladbach nur ungern an das Debakel erinnern, da man sich fußballerisch vor Millionen von Zuschauern an den TV-Geräten bis auf die Knochen blamierte – gegen eine Truppe, die in der Sechser-Gruppe der Aufstiegsrunde Nord nur einen bescheidenen fünften Platz belegt hatte.

»Jetzt sind wir die Deppen der Nation«, flüsterte Borussen-Coach Jürgen Gelsdorf. So leise er auch sprach, jeder im Raum konnte seine Worte hören, denn um ihn herum war nur andächtige Stille. Gelsdorf weiter: »Meine Spieler haben alles falsch gemacht, was man falsch machen konnte. Einige liefen über den Platz, als hätten sie Blei im Tornister.«

Jörg Sievers, unten nach der großen Tat im Elfmeter-Krimi, oben mit dem bekannten Pott

Bei den Siegern war die Stimmung naturgemäß überschäumend. Immer wieder hallte der Schlachtruf »92, 93, 94, 95, 96 ...« durch

den Festsaal des Steigenberger Hotels. Die Feier wurde live vom ZDF übertragen, wo Moderator Günter Jauch durch das »Aktuelle Sport-Studio« führte. Groth: »Wir konnten es in den ersten Stunden nach dem Abpfiff ohnehin nicht so recht glauben. Da war es schon ganz gut, dass wir auf diese Art abgelenkt wurden.«

Erst als die Mannschaft sich zur privaten Feier auf den Berliner Kurfürstendamm absetzte, wurde ihr allmählich bewusst, was sie im Olympiastadion vollbracht hatte. Leider aber gab es auch in der Stunde des Triumphes bei den Niedersachsen großen Zoff. Wie sollte es auch anders sein bei einem Verein, der manchmal mehr Skandale als Punkte auf dem Konto hatte.

Diesmal ging der Streit um Trainer Michael Lorkowski, der sich von niemandem in seine Arbeit reden ließ und damit überall in Hannover angeeckt war. Der Höhepunkt des Streits folgte ausgerechnet auf dem feierlichen Festbankett. Alle Gäste hatten schon Platz genommen, nur für »Lorko« war nicht reserviert. Der Trainer, der sich eine Prämie von 75 000 Mark für den Pokalsieg hatte zusichern lassen, setzte sich verärgert an die Bar. Der Schmerz war allerdings schnell vorüber, denn der Trainer hatte schon vor dem Finale einen Vertrag beim Liga-Konkurrenten FC St. Pauli unterschrieben.

Nun freute man sich Wochen später in Hannover auf den Europapokal der Pokalsieger. Aber dann ließ das Los die großen Reiseträumen platzen wie eine Seifenblase. Der Gegner war zwar der amtierende Cupverteidiger, doch der residierte quasi um die Ecke und hieß Werder Bremen. Groth: »Wir hatten auf eine schöne Reise ins Ausland gehofft, und dann spielen wir ausgerechnet gegen eine Mannschaft, der wir im vergangenen Pokalhalbfinale gerade begegnet sind.« Bei Zielen wie Parma, Madrid, Paris, Amsterdam oder Lissabon ein verständlicher Wunsch.

Sportlich gab es trotz großen Kampfes diesmal nichts zu holen, und die Niedersachsen schieden gegen den Bundesligisten mit 1:3 und 2:1 gleich in der ersten Runde aus. Der Traum von großen Spielen in Europa war schnell ausgeträumt, aber die Erinnerungen an die Sternstunde des Maiabends 1992 wird in Hannover immer lebendig bleiben.

12. Juni 1993

Bayer 04 Leverkusen – Hertha BSC Berlin Amateure 1:0

76 000 feierten am Ende nur den Verlierer

Die Sensation blieb aus – Goliath gerade mal noch stärker

»Elf Freunde müsst Ihr sein …« So lautet der Titel des Fußballklassikers von Autor Sammy Drechsel, den Generationen von heranwachsenden Jungen förmlich verschlungen haben. Die Abenteuer des kleinen Matze im Berlin-Wilmersdorf der dreißiger Jahre rührte die Gemüter der Leser. Und diese erfundene Geschichte wurde in der Pokalsaison 1992/93 Realität. Eine Bande von jun-

gen Fußballern probte im Millionenzirkus des Profi-Fußballs den Aufstand und eroberte die Herzen der Fußballanhänger in ganz Deutschland.

Diese Gruppe von Draufgängern waren die Amateure von Hertha BSC Berlin. Sie stürmten sensationell bis ins Pokalfinale und waren trotz der unglücklichen 0:1-Niederlage gegen die Profis von Bayer Leverkusen die moralischen Sieger im Olympiastadion.

Der Pokalwettbewerb dieses Jahres hatte für die »Hertha-Bubis« sehr viel früher begonnen als für die Berufsfußballer aus der Bundesliga. Schon am 7. August 1991 hatte sich die Jugendabteilung für den Pokalwettbewerb des kommenden Jahres auf der Berlin-Ebene qualifizieren müssen. Im so genannten »Paul-Rusch-Cup« siegten die Amateure mit 3:1 über den SV Konsum. Damals war es ein ganz normales Spiel vor wenigen Zuschauern, aber es sollte der Start zu einem Fußballmärchen sein.

Denn ein Jahr später rutschte die Mannschaft aus der Hauptstadt durch ein Freilos direkt in die zweite Hauptrunde. Dort wurde der SGK Heidelberg problemlos mit 3:0 geschlagen, und schon stand man in der dritten Runde. Aber niemand, auch keiner im Verein des damaligen Zweitligisten Hertha BSC, nahm Notiz von dem Erfolg der Oberligamannschaft.

Der nächste Husarenstreich folgte gegen die Sachsen vom VfB Leipzig, immerhin ein Verein aus der Zweiten Bundesliga und damit zwei Klassen höher als Herthas Amateure angesiedelt. Das allerdings schützte die Gäste nicht vor der blamablen 2:4-Niederlage, die nun auch in Berlin so manchen Zuschauer aufhorchen ließ, zumal die Mannschaft für das Achtelfinale auch das richtige Losglück hatte und mit Hannover 96 den Pokalsieger des Vorjahres zugelost bekam. Die hatten 1992 bereits sensationell vorgemacht, was man im DFB-Pokal mit Einsatz und Moral alles erreichen kann.

Die Berliner Nachwuchsfußballer, von denen ein Großteil genau dieses Finale der Hannoveraner gegen Mönchengladbach als Zuschauer auf den Rängen des Berliner Olympiastadions erlebt hatten, schienen gut aufgepasst zu haben. Denn im Mommsenstadion schlugen sie auch 96 mit 4:3 und bekamen nun bundesweit Beachtung.

Ein Traum zerplatzt: Dreizehn Minuten vor Schluss sind die Hertha-Amateure geschlagen. Ulf Kirstens Kopfball passiert Sascha Höpfner und Torhüter Christian Fiedler.

2. Juni
993

Leverkusens »Ost-Zwillinge« Andreas Thom (l.) und Ulf Kirsten in heller Freude über den knappen Sieg

In Berlin waren sie zu diesem Zeitpunkt bereits die Nummer eins. Denn Herthas Profis waren schon draußen und hatten bei Bayer Leverkusen mit 0:1 verloren – genau bei jenem Verein also, den die zweite Berliner Mannschaft im Finale wiedersehen würde.

Der Traum ging weiter, denn im Viertelfinale triumphierten die Underdogs erneut und warfen nun sogar einen Bundesligisten raus. Nürnberg verlor mit 1:2, und Herthas Amateure standen plötzlich sensationell im Halbfinale.

Die Aufmerksamkeit für die Berliner Jungs nahm zu, in allen deutschen Zeitungen waren deren Heldentaten nachzulesen. Über Trainer Ziegert zum Beispiel, normalerweise Finanzbeamter in Berlin, oder Torwart Fiedler, der noch auf dem Gymnasium die Schulbank drückte. Eine einzigartige Gruppe von jungen Talenten, Vertragsamateuren und Feierabendfußballern, deren Devise einfach aber erfolgreich war. Damals erklärte Mittelfeldregisseur Gerald Klews den staunenden Reportern: »Wir können eben nur offensiv spielen. Das ist unsere Stärke, was anderes haben wir nicht drauf.«

Doch das reichte schon, um vor der unglaublichen Kulisse von 60 000 Zuschauern im Berliner Olympiastadion im Halbfinale den

Chemnitzer FC auszuschalten. Da konnten die Amateure gleich schon einmal die besondere Atmosphäre der Arena schnuppern, die eigentlich nur für die Liga-Mannschaft vorbehalten war. Die Live-Übertragung in der ARD machte sie auch bei den nicht ganz so Fußballinteressierten zu Pokalhelden, als Millionen ihren 2:1-Erfolg mitverfolgen konnten.

Als erster Amateurverein überhaupt stand Hertha in einem DFB-Pokalendspiel, und ganz Fußball-Deutschland entdeckte sein Herz für die Außenseiter von der Spree.

In den Wochen vor dem großen Finale flatterten unzählige Faxe und Briefe in die Berliner Geschäftsstelle, die Lob und Zuspruch für die großartige Leistung enthielten.

Nun sollte das »Spiel ihres Lebens« (Mittelfeldtalent Carsten Ramelow) folgen. Die Hertha-Bubis gingen das Endspiel an, als hätten sie nur ein Oberligaspiel gegen Hertha Zehlendorf zu beste-

Nur zwei kamen groß raus

Die »Hertha-Bubis« galten als Helden einer neuen Generation, aber nicht alle konnten sich durchsetzen, wie die »Sternstunden«-Redaktion beim Rundruf im Frühjahr 2001 herausfand:
Christian Fiedler wurde Profi, ist bei Hertha aber nur Ersatzmann.
Sven Meyer kickt in der 4. Liga beim BV Cloppenburg.
Oliver Schmidt steht im Kader des Regionalligateams des VfR Mannheim.
Eine Liga weiter unten trifft man Sascha Höpfner bei Emden in der Verbandsliga Niedersachsen.
Karsten Nied stieg noch weiter ab, ist inzwischen Trainer beim 1. FC Wilmersdorf in der 6. Liga.
Andreas Schmidt, einer, der sich durchsetzen konnte, spielt als Verteidiger noch immer bei Hertha BSC – jetzt aber in der Bundesliga.
Wolfgang Kolczyk sieht Fußball nur noch im Fernsehen und kehrte zurück in seinen alten Beruf als Installateur.
Oliver Holzbecher kickt beim unterklassigen Spandauer BC (5. Liga).
Gerald Klews ist in der 4. Liga beim VfL Halle 96 unter Vertrag.
Und noch einer hat es geschafft: Carsten Ramelow ist beim Bundesligisten Bayer Leverkusen eine feste Größe.
Sven Kaiser dagegen stürmt für Lichtenberg 47 in der Verbandsliga Berlin (5. Liga).
Ayhan Gezen wartete im Frühjahr noch auf ein Angebot, irgendwo weiter Fußball zu spielen …

hen. Keines der einstudierten Rituale wurde verändert, und so traf man sich am Vorabend des Finales wie gewohnt zum Nudelessen.

Vor dem Aufwärmen im Stadion knallten die Töne des Box-Songs »Rocky« durch die Katakomben des Olympiastadions. Die Gäste aus Leverkusen schauten ganz verstört aus der Umkleidekabine und zogen sich fast geschockt sofort zurück. Bayer-Kapitän Franco Foda: »So etwas habe ich noch nie erlebt. Die putschen sich ja richtig auf.«

Dafür gab es auch in Leverkusen nicht ganz mormale Veränderungen. Bayer hatte mit Trainer Reinhard Saftig durch einen 3:0-Halbfinalerfolg bei Eintracht Frankfurt das Endspiel erreicht. Als Folge war der Eintracht-Coach Dragoslav Stepanovic, der für die neue Saison schon in Leverkusen unterschrieben hatte, entlassen worden. Weil aber Saftig nach einer 0:2-Pleite am 29. Spieltag in Dresden rausflog und Bayer den nun freien Stepanovic sofort auf die Bank setzte, stand jetzt kurioserweise der Verlierer des Halbfinales als Endspielteilnehmer in Berlin.

Nicht zu unrecht schäumte Reinhard Saftig vor Wut: »Man hat mich um den Pokalsieg gebracht.«

Die Partie zwischen »David« Hertha und »Goliath« Leverkusen konnte für die rund 76 000 Zuschauern, abgesehen von einem kleinen Block von Bayer-Fans, nur einen Sieger haben. Leverkusens Verteidiger Wörns ahnte schon: »Bei einer solchen Konstellation sind wir doch immer die Verlierer.«

Er sollte recht behalten. Denn auch wenn der große Favorit am Ende durchaus verdient mit 1:0 gewann, musste Leverkusen bis dreizehn Minuten vor Schluss zittern, ehe Ulf Kirsten mit dem Kopf das 1:0 erzielte.

Das Pfeifkonzert bei der Pokalübergabe war nur das akustische Signal für die Enttäuschung der Zuschauer, aber auch das Lob für eine beispiellos hervorragende Leistung der »elf Freunde von der Spree ...«

25. Mai 1996

1. FC Kaiserslautern – Karlsruher SC 1:0

Auf Wagners Sternstunde hätte Weltmeister Brehme gern verzichtet

Noch nie in der deutschen Pokalgeschichte hatte der Ausgang der Bundesligasaison so einschneidende Auswirkungen auf das folgende Pokalendspiel. Am 25. Mai 1996 spielte mit dem 1. FC Kaiserslautern ein Absteiger aus der 1. Liga gegen den Karlsruher SC.

Die Trauerszenen in der Pfalz nach dem bitteren 1:1 in Leverkusen waren auch noch an diesem Samstagnachmittag in Berlin sehr präsent.

Weinende Spieler auf dem Rasen des Ulrich-Haberland-Stadions, ein Lauterer Vorstand, der total geschockt das Unglück nicht fassen konnte, und Fans, für die eine ganze Fußballwelt zusammen-

Erst steigen sie aus der Bundesliga ab, dann holen sie eine Woche später den Pokal – Kaiserslautern schreibt ein neues Kapitel in der deutschen Fußballgeschichte.

gebrochen war. Besonders das Bild, als Andreas Brehme weinend im Arm seines Freundes Rudi Völler vor laufenden TV-Kameras Trost suchte, bewegte alle Fußballfans in Deutschland.

Das letzte Saisonspiel der »Roten Teufel« am 34. Spieltag sollte zum Schicksalsspiel werden, denn es kam zum direkten Abstiegsendspiel zwischen Leverkusen und Kaiserslautern. Klar war, dass die Pfälzer einen Sieg für den Klassenerhalt benötigten. Bis zur 82. Minute war die Welt von Brehme, Marschall und Kadlec noch in Ordnung. Durch ein Tor des Tschechen-Stürmers Pavel Kuka führten sie 1:0, und Bayer war zu diesem Zeitpunkt mit dem Resultat abgestiegen. Doch ein glückliches Tor des früheren Münchners Markus Münch zum 1:1 kippte acht Minuten vor Ende der Saison das Spiel und Kaiserslautern aus der Liga.

Wie sollte ein Gründungsverein der Bundesliga, der gerade zum ersten Mal in der Geschichte den schweren Weg in die Zweitklassigkeit anzutreten hatte, sich da noch für ein Pokalfinale motivieren. Hatte der FCK überhaupt noch eine Chance gegen einen KSC, der nur knapp einen Platz im UEFA Cup verpasst hatte?

Ausschlaggebend für die moralische Aufrüstung waren die Anhänger des Absteigers, denn eine ganze Region trocknete sich schnell die Augen, putzte sich die Nasen und organisierte eine Art Volkswandertag nach Berlin. Nicht weniger als 40 000 Pfälzer unterstützten ihre Lieblinge im Olympiastadion.

Vielleicht war aber auch die erfolgreiche Pokalsaison der Lauterer einer der Gründe, warum es am Ende der Bundesligasaison zum Absturz kam, denn immer wenn Trainer Friedel Rausch in die Kritik geraten war, gewann er wieder eine Cup-Runde und konnte damit für sich eine erneute Schonfrist beim FCK-Vorstand herauskitzeln.

Der Pfälzer Slalom durch den Pokalwettbewerb begann in der ersten Runde beim Zweitligisten Fortuna Köln. Ein irrer Pokalkampf, in dem Lautern dreimal führte, doch Köln dreimal ausgleichen konnte. Erst Dirk Flock machte mit seinem Treffer zwei Minuten vor Ende der Verlängerung zum 4:3 die zweite Runde klar.

Viel weniger Probleme hatte der FCK mit Wattenscheid 09 in der zweiten Runde. Koch, Kuka und Hengen schossen ihr Team locker

Die Sekunde der Entscheidung: Martin Wagners Freistoß aus 22 Metern fliegt erst KSC-Verteidiger Dirk Schuster und dann Torhüter Klaus Reitmaier durch die Beine

Der Pokalsieg 1996 war für den 1. FC Kaiserslautern der Startschuss für ein beispielloses Comeback zurück an die Spitze des deutschen Fußballs. Zwei Jahre und 38 Siege später waren die »Roten Teufel« nicht nur aufgestiegen in die Bundesliga, sondern auch Deutscher Fußballmeister 1998.

Hier die 38 Stufen bis zum Titel:

1.	VfL Wolfsburg (Heim)	4:0
2.	Stuttgarter Kickers (H)	2:0
3.	Kickers Stuttgart (Auswärts)	2:0
4.	Eintracht Frankfurt (H)	5:0
5.	VfB Leipzig (H)	4:1
6.	KFC Uerdingen (H)	3:1
7.	KFC Uerdingen (A)	1:0
8.	SV Meppen (H)	7:6
9.	Fortuna Köln (H)	2:0
10.	Carl-Zeiss Jena (H) 2:0	
11.	FC Gütersloh (H)	2:0
12.	FSV Zwickau (H)	4:1
13.	SV Waldhof Mannheim (H)	5:0
14.	VfB Lübeck (H)	7:0
15.	VfB Lübeck (A)	2:0
16.	Rot-Weiß Essen (H)	3:2
17.	Rot-Weiß Essen (A)	4:1
18.	VfB Oldenburg (H)	6:2
19.	VfB Oldenburg (A)	1:0
20.	FC Bayern München (H)	2:0
21.	FC Bayern München (A)	1:0
22.	VfB Stuttgart (H)	4:3
23.	VfB Stuttgart (A)	1:0
24.	FC Schalke 04 (H)	3:0
25.	Hansa Rostock (H)	4:3
26.	MSV Duisburg (H)	1:0
27.	Hamburger SV (H)	2:1
28.	Hertha BSC Berlin (H)	1:0
29.	VfL Bochum (H)	3:0
30.	VfL Bochum (A)	3:1
31.	TSV 1860 München (H)	1:0
32.	TSV 1860 München (A)	3:1
33.	VfL Wolfsburg (H)	4:0
34.	Borussia Mönchengladbach (H)	3:2
35.	Borussia Mönchengladbach (A)	3:1
36.	Karlsruher SC (A)	4:2
37.	1. FC Köln (H)	3:2
38.	Arminia Bielefeld (H)	3:1

Damit war Kaiserslautern zum vierten Mal Deutscher Meister.

Martin Wagner – der Held und seine Trophäe

und leicht in die dritte Runde. Doch der nächste Gegner war schon von einem anderen Kaliber. Schalke 04 war eigentlich die bessere Mannschaft, verlor dennoch durch Kochs Kopfballtor mit 0:1.

Im Viertelfinale kam es zu einem brisanten Vergleich, da Lautern im Südwest-Derby zum Drittligisten FC Homburg reisen musste. Im Waldstadion führte der Favorit schnell mit 2:0, bevor die »Roten Teufel« das Spiel nicht mehr ernst nahmen und die Gastgeber plötzlich ausgleichen konnten. Aber Lautern hatte noch Dirk Flock, der erneut scheinbar das entscheidende Tor zum 3:2 erzielte. An-

Weltmeister Andy Brehme mit zweifelhaftem Blick. Er wäre lieber in der Bundesliga geblieben als diesen Pokal zu gewinnen.

ders aber als in der ersten Runde bei Fortuna Köln reichte das Flock-Tor nicht, weil Torwart Andreas Reinke einen totalen Blackout hatte. Der Keeper nahm einen Rückpass unerlaubt auf und musste als Folge den 3:3-Ausgleich per Freistoß schlucken. Erst in der Verlängerung mit Hilfe eines Treffers des tschechischen Mittelstürmers Horst Siegl konnte der Nachbar besiegt werden.

So gesehen hatte Kaiserslautern wenigstens im Cup-Wettbewerb Glück, zumal der Verein zum dritten Mal ein Heimspiel zugelost bekam. Diesmal ging es im Halbfinale gegen den späteren Abstiegskonkurrenten Leverkusen, wobei an jenem 27. Februar niemand die dramatischen Ereignisse, die sich rund drei Monate später zwischen den beiden Vereinen in der Bundesliga abspielen sollten, ahnte.

Dank eines Kadlec-Freistoß (42.), den Verteidiger Christian Wörns unerreichbar für Torwart Dirk Heinen abfälschte, gewann Lautern mit 1:0. Viel wichtiger war aber die Farce, die sich nach dem Spiel um Trainer Rausch abspielte. Durch den Finaleinzug wurde der Rauswurf wieder um Wochen verschoben, der Vorstand zerriss die Kündigung, die für den Fall des Ausscheidens schon unterschrieben in der Schublade lag. Erst einen Monat später war Rausch dann doch weg, Eckhard Krautzun neuer Coach. Der startete zwar gleich mit einem 1:0-Erfolg in Köln, aber der Retter kam zu spät.

Warum das Pokalfinale dennoch zur Sternstunde der Lauterer wurde, lag eigentlich nur an einer einzigen Szene – Freistoß für die Pfälzer. Der Ball liegt 22 Meter vor dem Tor des KSC. Behutsam nimmt sich Martin Wagner das Leder und legt den Ball mit beiden Händen vorsichtig auf den Rasen. Dann dreht er ihn noch einmal. Ganz so, als ob der Mittelfeldläufer auf dem Ball den richtigen Punkt für seinen folgenden Schuss suchen wollte.

Ein kurzer Anlauf – und dann entlädt sich der aufgestaute Frust der letzten Wochen in einem einzigen Schuss. Der Ball fliegt erst KSC-Verteidiger Dirk Schuster und dann Keeper Klaus Reitmaier durch die Beine.

Ein Treffer, der ähnlich kurios wie die Gesamtsituation um den 1. FC Kaiserslautern war. Zum ersten Mal in der Pokalgeschichte

gewann ein Absteiger die Trophäe und spielte somit in der kommenden Saison im Europacup der Cupsieger – auch wenn dort gleich in der ersten Runde gegen Roter Stern Belgrad für Kaiserslautern Schluss war, weil dem 1:0-Hinspielsieg auf dem Betzenberg eine bittere 0:4-Pleite nach Verlängerung folgte.

Auch die Karlsruher durchlebten nach dem Pokalfinale einen fußballerischen Alptraum, nachdem sie schon als großer Favorit den sicher geglaubten Cup einem Absteiger überlassen mussten.

»Jetzt ist alles für die Katz. Es ist, als hätte es diese Saison nie gegeben«, jammerte Thomas Häßler, während der sonst so redegewandte Trainer Winfried Schäfer sprachlos war. Erst auf dem traurigen KSC-Bankett erholte er sich ein wenig und stammelte: »Mensch, das kann doch alles nicht wahr sein. So eine Chance zu einer Sternstunde darf man nicht leichtfertig verschenken. Wir waren einfach zu blöd.«

Schäfers Offenheit war dabei genauso sympathisch wie die Reaktion seines Kollegen Krautzun, der nach dem großen Erfolg äußerlich sehr cool erklärte: »Ich habe den Verein nicht ins Pokalfinale gebracht. Der Vater des Cup-Erfolges ist mein Vorgänger Friedel Rausch.«

Krautzun wusste ganz genau, wie sich wohl Rausch beim Anblick der Jubelbilder fühlen musste. Ein ähnliches Schicksal war ihm schließlich ein Jahr zuvor in Wolfsburg passiert. Damals musste Krautzun zuschauen, wie sein Nachfolger Gerd Roggensack die VfL-Mannschaft im Pokalendspiel betreute, obwohl er selbst sie dort erst hingeführt hatte. Allerdings mit dem kleinen Unterschied, dass damals Roggensack mit den Wölfen keine Chance gegen Mönchengladbach hatte und 0:3 verlor.

Trotz Feier und Freude blieb bei den Lauterern die Stimmung gedämpft. Weltmeister Andreas Brehme strich beim Essen gedankenverloren über die goldene Trophäe und flüsterte: »Ich hätte lieber mit dem FCK den Abstieg vor einer Woche in Leverkusen verhindert, als jetzt diesen Pokal zu gewinnen …«

12. Juni 1999

SV Werder Bremen – FC Bayern München 1:1, 6:5 n.E.

Matthäus als tragische Figur

Der Ball kommt von Matthäus, die Fäuste gehören Frank Rost.

»Es ist ein geiles Gefühl, die Bayern vom Sockel zu stoßen.« Werders Torwart Frank Rost ließ seinen Gefühlen nach dem gewonnenen Elfmeterschießen gegen die Münchner freien Lauf. Der Bremer Torhüter schlug die Bayern dabei nahezu im Alleingang.

Viermal rettete der Keeper schon in der normalen Spielzeit ganz allein gegen die ungedeckt auf ihn zu laufenden Bayern-Stars. An-

Jancker gleicht aus, Rost und Eilts sind machtlos.

schließend im entscheidenden Elfmeterschießen war er die Ruhe selbst und wurde zum Pokalhelden.

Was für Frank Rost die bis dahin größte Sternstunde seiner Karriere war, riss die Zuschauer im Olympiastadion zeitweise von den Sitzen, weil die Spannung kaum auszuhalten war.

1:1 hatte es nach 90 Minuten durch die Tore von Maximow und Jancker gestanden. Auch in der Verlängerung hatten beide Mannschaften sich nichts geschenkt, aber kaum echte Chancen gehabt.

Dann folgt ein Elfmeterdrama, an das Millionen an den Fernsehschirmen noch lange zurückdenken würden. Gleich zum Auftakt scheint Bayern, das erst drei Tage zuvor das tragische 1:2 in den Schlusssekunden des Champions-League-Endspiels gegen Manches-

Das Malheur der ganz Großen: Stefan Effenberg hebt seinen Ball beim Elfmeterschießen gefühlvoll übers Tor (oben), Matthäus tritt zu durchsichtig, Rost erkennt die richtige Ecke.

ter United verkraften musste, auf die Siegerstraße zu gelangen. Jens Todt scheitert gleich mit Bremens erstem Versuch. Ein besonders tragischer Fehlschuss für den früheren Freiburger, weil der Mittelfeldmann nach dieser Partie zum VfB Stuttgart wechseln würde. Dann treffen die nächsten Schützen, auch wenn Rost schon bei den beiden Elfmetern von Daei und Tarnat fast mit den Fingerspitzen rangekommen wäre. Es soll ein gutes Omen für den Keeper sein.

Doch noch immer liegen die Bayern vorn, und Stefan Effenberg schickt sich an, den Frust von Barcelona vergessen zu machen. Trifft der Blondschopf, haben die Bayern zumindest den Titel des Pokalsiegers als Trostpflaster geholt. Ganz cool, selbstsicher wie immer läuft er an. Die 76 000 halten den Atem an. Doch der Spielmacher

drischt den Ball hoch über das Tor und gestaltet damit das Endspiel ungewollt wieder offen. Effenberg: »Ich war mir so sicher, dass ich ihn reinmache. Aber dann bin ich in Rücklage gekommen.«

Seine Frau Martina hatte wohl das Drama schon geahnt, als sie auf der Tribüne bei dem Schuss nicht zuschauen wollte und den Kopf im Schoß vergrub … Es gab aber auch Hohn und Spott für den gebürtigen Hamburger zum Beispiel von ARD-Experte Günter Netzer: »Ich bin enttäuscht von Effenberg. Er hat wieder ein großes Spiel nicht siegreich gestalten können und war im entscheidenden Moment nicht da.« Mehr Verständnis hatte da sein Manager aus Gladbacher Zeiten, Rolf Rüßmann: »Effes Akku ist einfach leer, er

Bremens Trainer Thomas Schaaf (l.) freut sich mit Torwart-Trainer Dieter Burdenski, während Bayerns letzter Elfmetertreter Haltung bewahrt.

Der Fänger Rost mit dem »geilen Gefühl«

ist mit den Kräften am Ende. Und er ist nur dann gut, wenn er Kraft hat.«

Ungewohnt viel Verständnis hatte auch Bayern-Präsident Franz Beckenbauer, der auf dem Bankett tröstend den Arm um den blonden Regisseur legte. Effenberg gestand später: »Da habe ich mal gesehen, wer wirklich zu mir hält.«

Zurück zum Elfmeterschießen. Denn nun war alles wieder offen. Und jetzt sollte die schon angesprochene Sternstunde des Frank Rost nahen. Als sechster Schütze schnappte sich der Keeper selbst den Ball und traf gegen seinen Kollegen Oliver Kahn. Zum Jubeln blieb wenig Zeit, denn Rost wurde gleich wieder auf der Torlinie erwartet. Lothar Matthäus stand ihm nun als Schütze gegenüber. Ausgerechnet Matthäus, der schon 15 Jahre zuvor im Trikot von Borussia Mönchengladbach gegen seinen späteren Verein Bayern München im Pokalfinale einen Elfmeter verschossen hatte. Wohl deshalb hatte sich Matthäus auch gar nicht gemeldet, als Ottmar Hitzfeld nach dem Abpfiff der Verlängerung auf die Suche nach den fünf Elfmeterschützen ging.

Jetzt aber musste er – und Angst war noch nie die Sache des Lothar Matthäus. Doch der Rekordnationalspieler, der ein paar Tage zuvor seine große Karriere so gern mit dem Gewinn der Champions League gekrönt hätte, traf den Ball nicht richtig. Rost war zur Stelle, hielt und wurde unter einer Pyramide jubelnder Spieler begraben.

Für die Bayern war es der zweite Schock nach dem Trauma von Barcelona und den Treffern von Sheringham und Skolskjaer. Der Traum vom Tripple war schon seit der Horrornacht gegen Manchester United auf das Double zusammen geschmolzen, und nun hatten die Münchner »nur« noch die Meisterschale in Händen.

Die Pleite wirkte noch in den Nachtstunden nach. Auf dem Mitternachtsbankett attackierte der genervte Bayern-Manager Uli Hoeneß seinen Bremer Kollegen: »Herr Lemke hat wohl gesagt, dass man mit Geld nicht alles kaufen kann. Er hat sich damit disqualifiziert.« Einmal in Fahrt, legte Hoeneß gleich noch nach: »Der FC Bayern steht da wie eine Eins. Wenn wirklich jemand etwas zu sagen

hat, dann sind wir das. Ich bin mit Franz Beckenbauer und Kalle Rummenigge pausenlos in Europa unterwegs. Wir spüren auf dem ganzen Kontinent die Akzeptanz. Wir lassen uns nicht durch zwei Minuten von Barcelona und durch Werder kaputtmachen – von inkompetenten Leuten.«

Lemke und seine Bremer wollten zum gleichen Zeitpunkt schon im Steigenberger Hotel feiern. Doch auch beim Sieger kam es zum Eklat: Pokalheld Frank Rost wollte mit seinen Eltern in den VIP-Bereich. Doch die Familie des Keepers stand nicht auf der Bremer Gästeliste und wurde ohne Diskussion abgewiesen. Rost drehte durch und schrie durch den ganzen Saal: »Macht Eure Scheiß-Party doch alleine! Ihr könnt Euch den Hauptsponsor sonst wo hinstecken.« Als er erbost das Gebäude verlassen wollte, wurde er von Vizepräsident Klaus-Dieter Fischer wieder eingefangen und überredet, doch noch mit seiner Familie mitzufeiern.

Werder-Coach Thomas Schaaf genoss seinen ersten Trainererfolg still und leise. Der »Schweiger von der Weser« grübelte über ein dringendes sportliches Problem, denn sein Kapitän und Freund Eilts hatte unverhohlen von Rücktritt gesprochen. Schaaf: »Wenn Dieter so etwas sagt, macht es mir Sorgen. Er ist ein sturer Kopf – ich werde auf jedem Fall mit ihm reden.«

Die »Zwillings-Brüder von der Weser«, wie die *Bild-Zeitung* damals titelte, zwei norddeutsche, wortkarge Dickköpfe hatten schon als Spieler gemeinsam Erfolg. Zweimal waren sie zusammen Meister geworden, hatten zwei Cup-Siege und den Europacup der Pokalsieger geholt. Eine glänzende Bilanz, die, wenn es nach Schaaf in dieser Jubelnacht gegangen wäre, auch noch über Jahre weitergeführt werden sollte.

So spielte man erst mal außerhalb des Platzes Doppelpass. Noch in der selben Nacht machte der »Ostfriesen-Alemao« gehörigen Druck auf die Bremer Offiziellen und erklärte: »Wenn Thomas nicht weiter in Bremen Trainer bleibt, dann wäre bei mir sofort Schluss.«

Das zeigte schnell Wirkung: Schaafs Vertrag wurde verlängert, und auch Eilts hielt seine Knochen in den nächsten Jahren noch für Werder hin.

Wertvolles Wasser

Der letzte Torschütze des Pokalfinales 2000 war auch der letzte Profi, der das Olympiastadion verließ. Hasan Salihamidzic musste noch 90 weitere Minuten bei der Dopingprobe ausharren und sagte verzweifelt: »Jeder weiß, dass ich nach Spielen nicht gleich kann. Dabei bin ich in den letzten Wochen so oft getestet worden, die haben eigentlich Proben von mir für die nächsten Jahre.«
Pech für »Brazzo«, dass er auf der Siegesfeier mit Magenschmerzen zu kämpfen und wenig Freude hatte.
Mit gequältem Blick jammerte der Bayern-Star: »Schuld ist nur das viele Mineralwasser beim Dopingtest ...«

5. Juni 2000

FC Bayern München – SV Werder Bremen 3:0

Balsam für die leidenden Bayern-Seelen

Wohl keiner, der in der Nacht nach dem verlorenen Pokalfinales von 1999 im Bayern-Lager von Rache und Wiedergutmachung geredet hatte, hätte geahnt, wie schnell die Möglichkeit dazu bestehen würde.

Nur ein Jahr später heißt das Finale in Berlin genauso wie das Endspiel im Vorjahr. Doch diesmal, das haben die Münchner bereits vollmundig angekündigt, wird es einen anderen Sieger geben.

Giovane Elber tritt an; rechts Bremens Frank Baumann, im Hintergrund Carsten Jancker

Der Termin am 5. Juni 2000 wurde extra für diese Neuauflage festgelegt, damit Teamchef Ribbeck nach Ende der Bundesligasaison mehr Zeit zur Verfügung hatte, um sich auf die folgende Europameisterschaft in Holland und Belgien vorzubereiten.

Prominenz beim Fußballfest in der Hauptstadt – der Kanzler, sein für den Sport zuständiger Innenminister und Seine Kaiserliche Hoheit

Dass an diesem Abend ein strahlender Stefan Effenberg den goldschimmernden Pokal in die Luft recken konnte, grenzte an ein kleines Fußballwunder. Nicht etwa aus sportlicher Sicht, denn da machten die Bayern von Beginn an kurzen Prozess mit dem Vorjahres-Pokalsieger. »Wir hatten die damaligen Sprüche der Bremer im Kopf, die waren alle abgespeichert. So brauchten wir zur Motivation nur diese schnell mal abrufen«, erzählt der blonde Spielmacher nach dem Abpfiff.

Effenberg und sein Wunder-Comeback. Nur 21 Tage nach seinem Muskelfaserriss kehrte er zurück in die Mannschaft. »Ich habe jeden Tag gespürt, wie heiß er auf dieses Spiel war. Er hatte da noch eine Rechnung offen«, stellte Trainer Ottmar Hitzfeld fest.

Entschlossen, einsatzbereit, erbarmungslos trat der »Tiger« gegen den Pokalsieger aus dem Vorjahr auf, immer gewillt, nie einen Zweifel über den späteren Sieger aufkommen zu lassen. Gleich nach dem Schlusspfiff sprintete Effenberg in den Bayern-Strafraum und

Deutsches Wembley: das Berliner Olympiastadion als Austragungsstätte der Pokalendspiele seit 1985

umarmte Torhüter Kahn minutenlang. Der Buhmann aus dem Vorjahr war jetzt der strahlende Held. »Er ist einzigartig, darum haben wir ihn ja auch. Die anderen haben Rivaldo oder Ronaldo, wir haben Effenberg«, jubelte selbst Franz Beckenbauer, und Lauterns Trainer Otto Rehhagel lobte auf der Tribüne: »Ein großartiger Stratege, der auf alle Fragen eine Antwort hat. Er ist geläutert, in der Form seines Lebens und müsste eigentlich wieder für Deutschland spielen.«

Bundeskanzler Gerhard Schröder, der prominenteste Zuschauer unter den 76 000 im Olympiastadion, beschrieb die Leistung Effenbergs kurz und knapp mit einem Wort: »Genial.«

Ein Sonderlob gab es auch vom Kapitän. Oliver Kahn lobte den Spielmacher überschwänglich: »Obwohl er nicht topfit ist, schlägt er die absolut tödlichen Pässe.«

Wie eben auch in der 56. Minute. Effenberg bedient mit einem Traumpass Elber, der zum ersten Mal in den eigens für ihn hergestellten silbernen Schuhen aufgelaufen ist, und der Brasilianer erzielt per Linksschuss die längst überfällige Führung für die überlegenen Bayern. Paulo Sergio (83.) macht später mit einem Heber das 2:0, und Hasan Salihamidzic setzt fast mit dem Abpfiff den Schlusspunkt unter eine sehr einseitige Partie mit einem verdienten Sieger.

»Ich fühle mich erleichtert, der Druck war schon enorm«, gab Trainer Ottmar Hitzfeld hinterher offen zu. Noch nie hatte er den Pokal geholt, jetzt hatte es endlich geklappt. Zufrieden war auch der Mann, der die meisten der zehn Bayern-Pokalsiege live miterlebt hatte. Franz Beckenbauer lobte: »Das war eine Fußball-Demonstration. Ich habe kaum eine Werder-Chance gesehen. Wir hätten sogar noch höher gewinnen können.«

Der Sieg im Finale war aber auch Balsam für die leidenden Seelen der Bayern-Stars, die vier Tage zuvor unglücklich in der Champions League in Madrid mit 0:2 verloren hatten – ohne den noch verletzten Effenberg. Die großartigen Siege gegen den gleichen Gegner in der Zwischenrunde (4:2, 4:1) waren nur Statistik.

Das Rückspiel in der darauf folgenden Woche in München schwirrte den Bayern spätestens nach dem Abpfiff des Pokalfinales von Schiedsrichter Berg in den Köpfen. Nach dieser Leistung glaubte man wieder an das Wunder, doch noch das Finale der Champions League in Paris zu erreichen. Hitzfeld: »Ich habe jetzt nach diesem

Karneval der Kulturen – Giovane Elber, liegend, dahinter v.l.: sein brasilianischer Kollege Paulo Sergio, Samuel Osei Kuffour aus Ghana, Hasan Salihamidzic aus Bosnien-Herzegowina und der Schwede Patrik Andersson

tollen DFB-Pokalendspiel das beruhigende Gefühl, dass die Spieler bereit sind, alles zu geben, zu fighten wie noch nie in ihrem Leben. Warum also nicht auch Madrid schlagen?« Und Hoeneß fügte hinzu: »Das wird das Spiel der Spiele. Ich setze es gleich mit dem Champions-League-Finale in Barcelona.«

So gesehen erschien das Endspiel von Berlin dem Betrachter nicht mehr als nur das Vorspiel für den wirklichen Höhepunkt am Dienstag in München. Doch für die Bayern gab es trotz des Cup-Erfolges diesmal kein Happyend in der europäischen Königsklasse. Obwohl die Bayern an die Leistung von Berlin anknüpften und Real mit 2:1 schlugen, war das zwischenzeitliche 1:1 von Anelka ein Tor zuviel, um doch noch nach Paris zu reisen. Somit blieb den Bayern nur der sehr schwache Trost, gegen den späteren Sieger der Champions League (3:0 über Valencia) ausgeschieden zu sein.

Sie haben den Gipfel erreicht und hissen ihre Bayern-Fahne. In Preußen.

Die Bayern hatten immerhin das Double gewonnen, weil man durch Leverkusens Dummheit, eine sensationelle Niederlage in Unterhaching am letzten Spieltag, doch noch Meister geworden war.

1.FC Union
VELTINS

26. Mai 2001

FC Schalke 04 – 1. FC Union Berlin 2:0

Das Finale, das nur Sieger kennt

Manchmal entscheiden im Fußball nur Millimeter. Hätte Bozo Durkovic in dieser 51. Minute des DFB-Pokalfinales 2001 nicht den rechten Pfosten, sondern das Tor getroffen, hätte Union Berlin an diesem Abend des 26. Mai auch noch den Titel geholt. Doch die Millimeter, die eben noch den Berlinern gefehlt hatten, machten den FC Schalke 04 keine hundert Sekunden später überglücklich. Denn Jörg Böhmes Freistoß passte genau in den oberen Winkel des Union-Tores und ebnete dem großen Favoriten aus dem Ruhrgebiet den Weg zum dritten Pokalerfolg der Vereinsgeschichte.

Manches hatte sich der hohe Favorit einfacher vorgestellt – wie auch Schalkes Gerald Asamoah (r.) gegen Unions Ronny Nikol.

Die Entscheidung in der 58. Minute: Jörg Böhmes Elfmeter ist für Sven Beuckert nicht zu halten.

Eine Sternstunde war es für den Drittligisten Union trotzdem, waren sich die über 70 000 Zuschauer im ausverkauften Berliner Olympiastadion doch nach dem Schlusspfiff einig, dass über weite Strecken keinerlei Klassenunterschied zu sehen war. »Die Mannschaft ist aufgetreten wie eine Bundesliga-Truppe. So guten und technisch sauberen Kombinationsfußball habe ich von einer Amateurmannschaft noch nie gesehen«, staunte Schalkes Ex-Trainer Jörg Berger auf der Tribüne. Und auch Nachfolger Huub Stevens lobte: »Union hat hervorragenden Fußball gespielt und uns das Leben sehr schwer gemacht. Wir haben die Partie erst nach einer halben Stunde in den Griff bekommen, was eigentlich schon alles über die Stärke des Gegners sagt.«

Die Nobodys aus der Alten Försterei, die zuvor schon den Aufstieg in den Profifußball perfekt gemacht hatten, machten von Be-

Der Deutsche Vizemeister in seiner Anfangsformation

ginn an das Spiel und setzten Schalke unter Druck. »Bloß nicht noch ein Fußball-Drama«, stöhnt kreidebleich Schalkes Manager Rudi Assauer auf der Bank, denn die Spuren des verlorenen Meisterschaftsduells gegen den FC Bayern nur sieben Tage zuvor stehen ihm noch deutlich im Gesicht geschrieben. »Meister des Herzens« haben die Fans auf Plakate gemalt, und doch weiß jeder an diesem Abend, dass eine Pleite gegen den Amateurligisten die Königsblauen zum ganz großen Verlierer der Saison machen würde.

Der Druck ist spürbar, vor allem als Union-Stürmer Isa nach 23 Minuten mit einem wunderschönen Direktschuss aus halbrechter Position nur das Lattenkreuz trifft. »Unglaublich, wie frech diese junge Mannschaft gegen den Favoriten aufgetreten ist«, bemerkte Bundeskanzler Gerhard Schröder auf der Tribüne und fügte hinzu: »Ich hatte damit gerechnet, dass Union Probleme bekommt mit

Die entschlossenen Nobodys aus der Alten Försterei

der gigantischen Kulisse von 70 000 Zuschauern. So etwas ist doch eigentlich eher Schalke gewöhnt, aber Union hat sich von der Atmosphäre beflügeln lassen.«

Und vom Selbstvertrauen, das man sich auf dem Weg in dieses Finale erkämpft hatte. Denn nicht weniger als fünf Profimannschaften räumte der Drittligist aus dem Weg. Begonnen hatte alles mit einer vergleichsweise kleinen Überraschung, als Union in der ersten Runde den Zweitligisten Rot-Weiss Oberhausen durch Tore von Christian Fährmann und Harun Isa bezwang. Wieder Isa war der Torschütze beim schon stärker beachteten Sieg in Runde zwei gegen Greuther Fürth, die immerhin ein Kandidat für den Aufstieg in die Bundesliga waren. Als dann auch noch im Achtelfinale Bundesliga-Absteiger SSV Ulm durch wiederum zwei Treffer von Isa sowie Toren von Durkovic und Persich aus dem Wettbewerb geworfen wurde, träumten an der Alten Försterei die ersten Fans schon mal ganz heimlich vom Finale.

Doch mit dem Einzug in die nächste Runde wurden auch die Aufgaben größer, wartete im Viertelfinale mit dem VfL Bochum nun eine Erstligamannschaft. Daniel Ernemann brachte den zu DDR-Zeiten von der Führung ungeliebten Verein – nach dem Zweiten Weltkrieg war die gesamte erste Mannschaft mit Trainer

Tolle Belohnung

Er war der Mann des Abends und hatte am Ende sogar die Lacher auf seiner Seite: »Nachdem ich mich in der letzten Woche schon als Deutscher Meister wähnte, habe ich diesmal nach dem Schlusspfiff im Pokalfinale erst mal gefragt, ob irgendwo noch ein anderes Spiel läuft. Aber man hat mir versichert, dass dieser Pokal jetzt wirklich nur uns gehört.«
Nach seinen zehn Bundesligatreffern schoss der Mittelfeldmann Jörg Böhme mit seinen Toren im Finale Schalke zum Sieg. Dabei war Böhmes Karriere fast schon beendet, denn der 1,5-Millionen-Mark-Einkauf hatte bei Arminia Bielefeld eine komplette Halbserie nur auf der Bank gesessen, hatte zuvor schon in Frankfurt und bei 1860 München nicht den Durchbruch geschafft. Die schönste Belohnung erhielt Böhme allerdings gleich nach Abpfiff in Berlin. Bundestrainer Michael Skibbe teilte ihm mit, dass er für das nächste Länderspiel vorgesehen sein.

»Eisern Union« – die Fans aus Köpenick tragen Weiß und Rot und ihre Hoffnung im Herzen.

Hanne Sobeck in den Westen geflüchtet und hatte in West-Berlin den SC Union 06 gegründet – mit seinem Treffer in der 90. Minute endgültig auf die deutsche Fußball-Landkarte. Gehörten den »Eisernen« vor dem Mauerfall in erster Linie die Herzen der Querdenken und Oppositionellen (Leitspruch: »Nicht jeder Unioner ist Oppositioneller, aber jeder Oppositioneller ist Union-Anhänger«), eroberte sich der Verein im Halbfinale gegen Borussia Mönchengladbach die Herzen von Millionen, die live am Fernseher das dramatische 4:2 im Elfmeterschießen miterlebten, in dem Torhüter Sven Beuckert zwei Strafstöße abwehrte.

»Das alles ist eine späte Wiedergutmachung«, jubelte Präsident Heiner Bertram, besonders als schon vor dem Finale durch die direkte Qualifikation der Schalker als Vizemeister für die Champions

League feststand, dass Union in der Saison 2001/2002 im UEFA-Cup dabei sein würde.

1968, als Union mit 2:1 im DDR-Pokalfinale gegen Carl Zeiss Jena gewann - das war der größte Triumph in der Vereinsgeschichte (1923 verloren sie das deutsche Meisterschaftsendspiel gegen den HSV mit 0:3) -, war dem Sieger aufgrund des »Prager Frühlings« ein Start im Europacup verwehrt worden. Die UEFA hatte damals nach dem Einmarsch der sowjetischen Truppen in die CSSR die Auslosung storniert (Union hätte gegen den jugoslawischen Pokalsieger FK Bor gespielt) und wollte nun nur noch Ostklubs gegen Ostklubs und Westvereine gegen Westvereine spielen lassen. Da zog die DDR ihre Klubs vom Wettbewerb zurück.

An diesem 26. Mai 2001 aber kann den Verein keine Macht der Welt stoppen. Über zehn Millionen Menschen erleben an jenem Abend nicht nur eine starke Leistung, sondern auch einen sympathischen Verein mit lustigen, fairen Anhängern, die gemeinsam mit den Schalkern am Ende eine der größten Partys feiern, die das DFB-Pokalfinale je erlebt hat.

Namen und Zahlen der Sternstunden des DFB-Pokals

(1935 – 1943 »Tschammer-Pokal«)

1938 Rapid Wien – FSV Frankfurt 3:1 **6. Januar 1939 in Berlin**

Rapid: Raftl – Sperner, Schlauf – Wagner I, Hofstädter, Skoumal – Hofer, Schors, Binder, Holec, Pesser – **Frankfurt:** Wolf – May, Schweinhardt – Böttgen, Dietsch, Fend – Armbruster, Heldmann, Dosedzal, Faust, Wörner – **Tore:** 0:1 Dosedzal (17.), 1:1 Schors (80.), 2:1 Hofstädter (85.), 3:1 Binder (90.) – **Zuschauer:** 36 000 – **Schiedsrichter:** Rühler (Merseburg)

1953 Rot-Weiß Essen – Alemannia Aachen 2:1 **1. Mai in Essen**

RWE: Herkenrath – Göbel, Köchling – Jahnel, Wewers, Wientjes – Rahn, Islacker, Gottschalk, Abromeit, Termath – **Aachen:** Heinrichs – Metzen, Cienen – Pfeiffer, Jansen, Richter – Hartmann, Gawell, G. Schmidt, Derwall, J. Schmidt – **Tore:** 1:0 Islacker (32.), 2:0 Rahn (52.), 2:1 Derwall (56.) – **Zuschauer:** 40 000 – **Schiedsrichter:** Reinhardt (Stuttgart)

1963 Hamburger SV – Borussia Dortmund 3:0 **14. August in Hannover**

HSV: Schnoor – Krug, Kurbjuhn – Giesemann, Stapelfeldt, D. Seeler – Boyens, Wulf, U. Seeler, Kreuz, G. Dörfel – **Dortmund:** Wessel – Burgsmüller, Geisler – Kurrat, Sturm, Bracht – Wosab, Schmidt, Brungs, Rylewicz, Cyliax – **Tore:** 1:0, 2:0, 3:0 U. Seeler (31., 33., 84.) – **Zuschauer:** 68 000 – **Schiedsrichter:** Kreitlein (Stuttgart)

1970 Kickers Offenbach – 1. FC Köln 2:1 **29. August in Hannover**

Kickers: Volz – Weilbächer, H. Kremers – Weida, Reich, Schmidt – Gecks, Bechtold (60. Nerlinger), Schmitt, Schäfer, Winkler – **Köln:** Manglitz – Biskup – Thielen (31. Rupp), Weber, Hemmersbach – Overath, Flohe – Simmet, Kapellmann, Parits, Löhr – **Tore:** 1:0 Winkler (24.), 2:0 Gecks (63.), 2:1 Löhr (72.) – **Zuschauer:** 50 000 – **Schiedsrichter:** Schulenburg (Hamburg)

1972 FC Schalke 04 – 1. FC Kaiserslautern 5:0 **1. Juli in Hannover**

Schalke: Nigbur – Huhse, Rüßmann, Fichtel, van Haaren – H. Kremers, Lütkebohmert – Libuda, Fischer, Scheer, E. Kremers – **FCK:** Elting – Reinders, Diehl, Schwager, Fuchs – Hosic (55. Vogt), Bitz – Friedrich, Pirrung, Seel, Ackermann **Tore:** 1:0 H. Kremers (13.), 2:0 Scheer (32.), 3:0 Lütkebohmert (57.), 4:0 Fischer (66.), 5. H. Kremers (82.) – **Zuschauer:** 61 000 – **Schiedsrichter:** Aldinger (Waiblingen)

1973 Borussia Mönchengladbach – 1. FC Köln 2:1 n.V. **23. Juni in Düsseldorf**

Gladbach: Kleff – Vogts, Michallik, Sieloff, Danner – Jensen, Wimmer, Bonhof – Rupp (117. Stielike), Kulik (91. Netzer), Heynckes – **Köln:** Welz – Kapellmann, Weber, Cullmann, Hein – Overath (71. Konopka), Neumann, Flohe – Simmet, Glowacz (71. Gebauer), Löhr – **Tore:** 1:0 Wimmer (23.), 1:1 Neumann (41.), 2:1 Netzer (93.) – **Zuschauer:** 69 600 – **Schiedsrichter:** Tschenscher (Mannheim)

1976 Hamburger SV – 1. FC Kaiserslautern 2:0 **26. Juni in Frankfurt**

HSV: Kargus – Kaltz, Hidien, Blankenburg, Nogly – Memering, Reimann – Zaczyk (62. Sperlich), Björnmose, Eigl, Volkert – **FCK:** Hellström – Kroth, Melzer, Diehl, Frosch – Riedl, Stickel (66. Schwarz), Scheer – Meier, Pirrung (62. Wilhelm), Sandberg – **Tore:** 1:0 Nogly (22.), 2:0 Björnmose (37.) – **Zuschauer:** 61 000 – **Schiedsrichter:** Eschweiler (Euskirchen)

1977 1. FC Köln – Hertha BSC Berlin 1:1 n.V. **28. Mai in Hannover**

Köln: Schumacher – Konopka, Zimmermann, Strack, Gerber – Simmet, Overath (91. Neumann), Flohe – van Gool, Müller, Löhr (81. Elkjaer-Larsen) – **Hertha:** Nigbur – Sziedat, Kliemann, Brück, Weiner – Hermandung (69. Gersdorff), Sidka, Beer – Grau (112. Förster), Granitza, Horr – **Tore:** 1:0 Müller (44.), 1:1 Horr (64.) – **Zuschauer:** 57 000 – **Schiedsrichter:** Frickel (München)

1. FC Köln – Hertha BSC Berlin 1:0 **30. Mai in Hannover Wiederholungsspiel**

Köln: Schumacher – Konopka, Zimmermann, Strack, Gerber – Simmet, Neumann (77. Cullmann), Flohe – van Gool, Müller, Löhr – **Hertha:** Nigbur – Sziedat, Kliemann, Brück, Weiner – Hermandung (80. Kristensen), Sidka (70. Gersdorff), Beer – Grau, Granitza, Horr – **Tor:** 1:0 Müller (70.) – **Zuschauer:** 35 000 **Schiedsrichter:** Ohmsen (Hamburg)

1979 Fortuna Düsseldorf – Hertha BSC Berlin 1:0 n.V. **23. Juni in Hannover**

Fortuna: Daniel – Weikl, Zewe, Fanz, Baltes – Köhnen, Schmitz, Bommer – T. Allofs (72. Dusend), K. Allofs, Seel – **Hertha:** Nigbur – Sziedat, Kliemann, Weiner, Rasmussen – Brück, Sidka, Nüssing, Beer – Milewski (72. Agerbeck), Krämer (91. Remark) – **Tor:** 1:0 Seel (116.) – **Zuschauer:** 56 000 – **Schiedsrichter:** Linn (Altendiez)

1980 Fortuna Düsseldorf – 1. FC Köln 2:1 4. Juni in Gelsenkirchen

Fortuna: Daniel – Köhnen, Zewe, Baltes, Weikl – Wirtz, Wenzel (89. Bansemer), Bommer – T. Allofs, K. Allofs, Seel – **Köln:** Schumacher – Prestin, Zimmermann, Strack, Konopka – Kroth (66. Okudera), Cullmann, Schuster – Woodcock, Müller, Littbarski (71. Willmer) – **Tore:** 0:1 Cullmann (26.), 1:1 Wenzel (59.), 2:1 T. Allofs (65.) – **Zuschauer:** 65 000 – **Schiedsrichter:** Aldinger (Waiblingen)

1982 FC Bayern München – 1. FC Nürnberg 4:2 1. Mai in Frankfurt

Bayern: Müller – Weiner, Beierlorzer (25. Niedermayer), Augenthaler, Horsmann – Kraus, Dürnberger, Breitner, Dremmler – D. Hoeneß, K.-H. Rummenigge – **Nürnberg:** Kargus – Weyerich, Brunner (74. Brendel), Reinhardt, Eder – Stocker, Hintermaier, Schlegel (78. Lieberwirth) – Heidenreich, Heck, Dressel – **Tore:** 0:1 Hintermaier (31.), 0:2 Dressel (44.), 1:2 Rummenigge (54.), 2:2 Kraus (65.), 3:2 Breitner (72., Foulstrafstoß), 4:2 Hoeneß (89.) – **Zuschauer:** 61 000
Schiedsrichter: Hennig (Duisburg)

1983 1. FC Köln – Fortuna Köln 1:0 11. Juni in Köln

1. FC: Schumacher – Strack, Prestin, Steiner, Zimmermann, Konopka (81. Willmer) – Neumann, Engels, Littbarski – Fischer, K. Allofs (90. Hartmann) – **Fortuna:** Helmschrot – Kunze, Hinterberger, Finkler, Baier – Werres (71. Hanschitz), Gede, Linssen – Grabosch, Schatzschneider, Lemke – **Tor:** 1:0 Littbarski (68.) – **Zuschauer:** 61 000 – **Schiedsrichter:** Engel (Reimsbach)

1984 FC Bayern München – Borussia Mönchengladbach 1:1 n.V./7:6 i.E
31. Mai in Frankfurt

Bayern: Pfaff – Augenthaler, Martin, Grobe, Dürnberger (58. D. Hoeneß) – Nachtweih, Dremmler, Kraus (46. Mathy), Lerby – K.-H. Rummenigge, M. Rummenigge – **Gladbach:** Sude – Bruns, Borowka, Hannes, Herlovsen – Matthäus, Rahn (68. Criens), Schäfer (72. Ringels) – Frontzeck, Mill, Lienen – **Tore:** 0:1 Mill (33.), 1:1 Dremmler (82.) – Elfmeterschießen: Matthäus – übers Tor, 1:0 Lerby, 1:1 Herlovsen, 2:1 Nachtweih, 2:2 Borowka, 3:2 Grobe, 3:3 Bruns, Augenthaler – gehalten, 3:4 Hannes, 4:4 K.-H. Rummenigge, 4:5 Criens, 5:5 Dremmler, 5:6 Frontzeck, 6:6 Martin, Ringels – Pfosten, 7:6 M. Rummenigge
Zuschauer: 58 000 – **Schiedsrichter:** Roth (Salzgitter)

1985 Bayer 05 Uerdingen – FC Bayern München 2:1 26. Mai in Berlin

Uerdingen: Vollack – Wöhlin, Herget, Brinkmann, van de Loo – W. Funkel, F. Funkel, Feilzer (60. Loontiens) – Buttgereit, Schäfer, Gudmundsson (82. Thomas) – **Bayern:** Aumann – Dremmler, Augenthaler, Eder, Willmer (82. M. Rummenigge) – Matthäus, Lerby, Pflügler – Wohlfahrt (51. Beierlorzer), D. Hoeneß, Kögl – **Tore:** 0:1 Hoeneß (8.), 1:1 Feilzer (9.), 2:1 Schäfer (67.) – **Zuschauer:** 70 400 – **Schiedsrichter:** Föckler (Weisenheim)

1989 Borussia Dortmund – SV Werder Bremen 4:1 **24. Juni in Berlin**

Dortmund: de Beer – Kroth, Kutowski, Helmer – MacLeod, Breitzke (72. Lusch), Zorc, M. Rummenigge – Möller, Dickel (77. Storck), Mill – **Werder:** Reck – Sauer (77. Burgsmüller), Wolter, Bratseth, Schaaf – Eilts, Votava, Hermann, Otten (55. Ordenewitz) – Neubarth, Riedle – **Tore:** 0:1 Riedle (14.), 1:1 Dickel (21.), 2:1 Mill (58.), 3:1 Dickel (71.), 4:1 Lusch (74.) – **Zuschauer:** 76 000 – **Schiedsrichter:** Tritschler (Freiburg)

1991 SV Werder Bremen – 1. FC Köln 1:1 n.V./4:3 i.E **22. Juni in Berlin**

Werder: Reck – Bratseth – Votava, Borowka – Wolter, Hermann (76. Sauer), Eilts, Neubarth (72. Harttgen), Bode – Rufer, K. Allofs – **Köln:** Illgner – Jensen, Gielchen, Baumann – Greiner, Higl, Littbarski, Sturm (60. Heldt) – Andersen (96. Rudy), Götz, Banach – **Tore:** 1:0 Eilts (48.), 1:1 Banach (63.) – Elfmeterschießen: Rudy – verschossen, Allofs – gehalten, 0:1 Higl, 1:1 Rufer, Littbarski – gehalten, 2:1 Bratseth, 2:2 Banach, 3:2 Harttgen, 3:3 Götz, 4:3 Borowka – **Zuschauer:** 73 000 – **Schiedsrichter:** Schmidhuber (Ottobrunn)

1992 Hannover 96 – Borussia Mönchengladbach 0:0 n.V./4:3 i.E
23. Mai in Berlin

Hannover: Sievers – Wojcicki – Klütz, Sundermann, Heemsoth (120. Kuhlmey) – Kretzschmar, Surmann, Freund, Schönberg-Christensen – Djelmas, Koch (71. Jursch) – **Gladbach:** Kamps – Fach – Huschbeck (46. Stadler), Klinkert, Kastenmaier – Pflipsen, Hochstätter, Schneider, Neun – Max (76. Dahlin), Criens – **Elfmeterschießen:** 0:1 Kastenmaier, 1:1 Djelmas, 1:2 Criens, 2:2 Wojcicki, Pflipsen – gehalten, Freund – gehalten, Fach – gehalten, 3:2 Kretzschmar, 3:3 Neun, 4:3 Schönberg-Christensen – **Zuschauer:** 76 200 – **Schiedsrichter:** Heynemann (Magdeburg)

1993 Bayer 04 Leverkusen – Hertha BSC Berlin Amateure 1:0
12. Juni in Berlin

Bayer: Vollborn – Foda – Fischer, Wörns, Kree – Lupescu, Happe, Scholz, Hapal – Thom, Kirsten – **Hertha:** Fiedler – Meyer – O. Schmidt (73. Höpfner), Nied – Kolczyk, Ramelow, Klews – Holzbecher, Kaiser, A. Schmidt – Gezen – **Tor:** 1:0 Kirsten (77.) – **Zuschauer:** 76 200 – **Schiedsrichter:** Dr. Merk (Kaiserslautern)

1996 1. FC Kaiserslautern – Karlsruher SC 1:0 **25. Juni in Berlin**

FCK: Reinke – Kadlec – H. Koch, Schäfer, Roos (82. Wegmann), Brehme – Greiner, Hengen, Wagner – Kuka (87. Wollitz), Marschall (75. Lutz) – **KSC:** Reitmaier – Nowotny – Ritter (82. Karl), Schuster – Tarnat, Fink, Metz (73. Schmitt), Bender, Häßler – Dundee, Knup – **Tor:** 1:0 Wagner (42.) – **Zuschauer:** 76 800 – **Schiedsrichter:** Krug (Gelsenkirchen)

1999 SV Werder Bremen – FC Bayern München 1:1 n.V./5:4 i.E.
12. Juni in Berlin

Werder: Rost – Trares – Todt, Wicky – Eilts, Dabrowski (69. Bogdanovic), Maximow, Wiedener – Herzog (45. Wojtala) – Frings, Bode – **Bayern:** Kahn – Linke, Matthäus, Kuffour (37. Daei), Babbel, Jeremies (587. Fink), Effenberg, Tarnat, Scholl (84. Salihamidzic), Jancker, Basler – **Tore:** 1:0 Maximow (4.), 1:1 Jancker (45.); Elfmeterschießen: 1:0 Bode, 1:1 Salihamidzic, Todt gehalten, 1:2 Daei, 2:2 Bogdanovic, 2:3 Tarnat, 3:3 Wicky, 3:4 Jancker, 4:4 Eilts, Effenberg über das Tor, 5:4 Rost, Matthäus gehalten – **Zuschauer:** 75 800 – **Schiedsrichter:** Aust (Köln)

2000 FC Bayern München – SV Werder Bremen 3:0 **6. Mai in Berlin**

Bayern: Kahn – Babbel, Andersson, Kuffour, Tarnat – Salihamidzic, Effenberg (81. Fink), Jeremies – Paulo Sergio, Jancker (73. Santa Cruz), Elber (86. Scholl) – **Werder:** Rost – Frings, Barten, Baumann, Wiedener (16. Skripnik) – Eilts (63. Flock), Trares (71. Wicky), Bode – Herzog – Ailton, Pizarro – **Tore:** 1:0 Elber (57.), 2:0 Paulo Sergio (83.), 3:0 Scholl (90.) – **Zuschauer:** 76 000 – **Schiedsrichter:** Berg (Konz)

2001 FC Schalke 04 – 1. FC Union Berlin 2:0 **26. Mai in Berlin**

Schalke: Reck – Hajto, Nemec (84. Thon), van Kerckhoven (88. Büskens) – Asamoah (80. Latal), Oude Kamphuis, van Hoogdalem, Böhme – Mpenza, Sand – **Union:** Beuckert – Persich, Tschiedel (82. Tredup), Ernemann (56. Teixeira) – Okeke, Nikol – Koilov, Kremenliev – Menze – Isa (70. Zechner), Durkovic – **Tore:** 1:0 Böhme (53.), 2:0 Böhme (58., Foulelfmeter) – **Zuschauer:** 73 000 – **Schiedsrichter:** Albrecht (Baisweil)

Register